乡村振兴人才培育系列教材

国家粮食安全手册

◎ 王目珍　王海军　金满文　主编

中国农业科学技术出版社

图书在版编目（CIP）数据

国家粮食安全手册 / 王目珍，王海军，金满文主编．北京：中国农业科学技术出版社，2024．6 -- ISBN 978-7-5116-6870-7

Ⅰ．F326.11-62

中国国家版本馆CIP数据核字第 2024KR4571 号

责任编辑 施睿佳 姚 欢
责任校对 马广洋
责任印制 姜义伟 王思文

出 版 者 中国农业科学技术出版社
北京市中关村南大街 12 号 邮编：100081
电 话 （010）82106631（编辑室） （010）82106624（发行部）
（010）82109709（读者服务部）
网 址 https: // castp.caas.cn
经 销 者 各地新华书店
印 刷 者 北京地大彩印有限公司
开 本 170 mm × 240 mm 1/16
印 张 9
字 数 161 千字
版 次 2024 年 6 月第 1 版 2024 年 6 月第 1 次印刷
定 价 34.60 元

《国家粮食安全手册》

编委会

前 言

民以食为天，粮食是人类生存和发展的基础。粮食安全直接关系到国家的稳定、社会的和谐以及人民的福祉。一个国家的粮食安全水平，不仅能够反映出其经济发展水平和综合国力，更是衡量其社会治理能力的重要指标。在全球人口不断增长、气候变化加剧、资源分配不均等多重挑战下，粮食安全问题已成为国内国际共同关注的焦点。

党的十八大以来，以习近平同志为核心的党中央始终把国家粮食安全作为重中之重，多次强调要始终绷紧粮食安全这根弦，确保谷物基本自给、口粮绝对安全；建立粮食安全责任制，实行粮食安全党政同责；国家加强粮食宏观调控，优化粮食品种结构和区域布局，积极制定粮食安全保障法。相关政策的陆续出台为粮食接连获得丰收提供了坚实的制度保障。

本书旨在为读者提供一个全面、系统的国家粮食安全知识体系，以及实际操作的指导。本书共八章，分别为概论、抓好粮食和重要农产品生产、严格落实耕地保护制度、加强农业基础设施建设、强化农业科技支撑、构建现代农业经营体系、增强粮食和重要农产品调控能力、深入开展粮食节约减损行动。本书汇集了丰富的粮食安全知识，以清晰的结构和浅显的语言呈现给读者，具有较强的实用性和可读性。

本书不仅适合农民和农业技术人员培训使用，还适合农业政策制定者、粮食安全领域的学者和研究人员阅读参考。

由于时间仓促，水平有限，书中难免存在不足之处，欢迎广大读者批评指正！

编　者

2024年4月

目　录

第一章　概论

第一节　粮食安全的内涵与重要性

一、粮食安全的内涵

（一）粮食安全的概念

粮食安全的概念最早可以追溯至20世纪70年代。1973年，全球性的粮食危机愈演愈烈，在此背景下，联合国粮食及农业组织（以下简称联合国粮农组织）先后于1973年和1974年召开“世界粮食大会”，重点讨论如何应对世界粮食供应的变化。“粮食安全”的概念也由此产生。

联合国粮农组织最早提出粮食安全这个概念，认为粮食安全是“保证任何人在任何时候，都能够得到为了生存和健康所需的足够食品”。1983年，联合国粮农组织将粮食安全的内涵扩展为“确保所有人在任何时候，都能买到且买得起所需的基本食品”；1996年，进一步拓展为“让所有人在任何时候都能享受到充足的粮食，过上健康、富有朝气的生活”；2001年，再次丰富为“所有粮食需求者在任何时间都能在物质层面、经济层面和社会层面上获取数量充足、质量安全以及富含营养的食物，进而满足民众对健康生活的饮食需求和民众对食物的偏好需求”，此时，粮食安全的概念已经从“吃得饱”转向“吃得好”。

国内学者对于粮食安全也有各种认识，认为粮食安全与能源安全和金融安全共同构成三大经济安全，应当能够保障粮食在数量、品种结构、营养物质等多方面达到相应的要求，质量安全同样也是不可或缺的部分。新形势下，粮食安全的核心要义是端牢中国人的饭碗，饭碗里主要装中国粮。随着居民生活水平的提升，牛羊肉、鸡蛋等其他畜禽产品，以及水产品等也逐步进入重要农产品范畴，从保障粮食安全向保障重要农产品供给安全发展是城乡居民食物消费发生结构性转变的必然要求。

（二）粮食安全的新内涵

现阶段是基本实现我国农业现代化的发展关键期，也是我国粮食安全保障能力从自给自足到面向全球整合资源的战略转变期，其间既存在新的风险，也面临新的机遇。在我国对外开放程度不断加深、消费结构持续升级的背景下，应以更加开放积极的思维和全球化视野，重新审视粮食安全问题，力争早日实现从数量型保障向质量型满足和能力型提升的转变。

从确保数量、质量和能力三个维度来看，粮食安全的内涵主要包括三个层次。

第一层次是数量型安全，这是基于粮食维持人类生存的基本功能而提出的。民以食为天，吃饭是人类最基本的生存需求，只有满足了这个基本需求后，人们才能有精力从事其他生产活动。对我国而言，确保数量型安全，就是要确保主粮数量的有效供给，稳定粮食生产，实现谷物基本自给、口粮绝对安全，这是我国确保粮食安全的最基本要求，也是实现更高层次粮食安全的基础和前提。同时，要树立大食物观，向耕地、草原、森林、海洋和植物、动物、微生物要热量、要蛋白，全方位多途径开发食物资源。虽然，目前我国数量型安全保障能力较强、保障水平较高，但仍不能掉以轻心。

第二层次是质量型安全，这是基于粮食提升生活品质的社会功能而提出的。对我国而言，确保质量型安全，就是要更好满足人民群众对农产品安全性、多样性、便利性的更高要求，顺应人民群众食物结构变化趋势，在确保粮食质量和供给结构不断提升的同时，保障肉类、蔬菜、水果、水产品等各类食物的有效供给，实现从“吃得饱”向“吃得健康、吃得安全”的跃升。这是进入全面建成小康社会后，对粮食安全赋予的更高要求，也是人民群众最关心的民生问题之一。

第三层次是能力型安全，这是基于粮食作为大国博弈物资的战略功能而提出的更高层次要求。对我国而言，确保能力型安全，就是要在对外开放水平不断提升的背景下，有效提升我国农业竞争能力，并增强对全球农业资源和市场的影响力和掌控力。一方面，进一步提升对国际农产品市场价格的影响力和话语权，增强我国在国际农产品资本市场上的地位和作用；另一方面，不断提升国内农业竞争能力，并通过有效的“走出去”和“引进来”，在全球范围建构我国粮食生产、加工、存储、运输和贸易全链条的内外联通农业大循环体系，实现从被动安全向主动安全转变。这既是对我国粮食安全保障工作提出的更高要求，也是2035年我国基本实现农业现代化目标面临的主要挑战和亟待补齐的发展短板。

二、保障粮食安全的重要性

一直以来，中国就将粮食安全作为固国之本，是事关国家长治久安的大事。党的十八大以来，以习近平同志为核心的党中央始终将粮食安全问题作为治国理政的头等大事，高屋建瓴地提出了新时期国家粮食安全的新战略，并形成了“饭碗论”“底线论”等一系列理论创新，走出了一条具有中国特色的粮食安全之路。只有保障粮食安全，才能稳定社会秩序，才能得到最广大农民阶层的拥护与支持。保障粮食安全，是党进一步提升民生福祉，迈向社会主义现代化和全面建成小康社会的重要支撑。

（一）增进民生福祉

粮食作为一种商品，是人类生活最基本、最重要的生活材料，对于维护人民的生活水平起着至关重要的作用。一个国家的粮食供应充足与否，直接影响到每个家庭的生活质量和幸福感。当粮食供应稳定时，人民的基本生活需求得到满足，才能够享受到更加安稳和舒适的生活环境。

（二）维护社会稳定

中国的历史实践表明，农为邦本，农业安则天下安。农业对于一个国家的安定团结具有基石作用，只有保障粮食安全，社会生产关系才能顺应生产力的发展，推动社会前行。历史上，许多社会动荡和冲突都与粮食短缺或价格过高有关。当粮食供应不足时，人们可能会因为饥饿和贫困而产生不满情绪，甚至引发社会动荡。因此，确保粮食供应的稳定性和可预测性，是预防社会不稳定和冲突的关键。此外，合理的粮食价格政策和公平的分配机制，也是维护社会稳定和公正的重要因素。

（三）促进经济发展

粮食产业不仅包括农业生产，还涉及食品加工、储存、运输和销售等多个环节，是推动国家经济发展的重要力量。通过提高农业生产效率、优化粮食产业结构、发展农业科技和创新，可以促进农业产值的增长，带动相关产业的发展，提高农民的收入水平，从而推动整个国家经济的繁荣。此外，粮食出口也可以为国家带来外汇收入，增强国家的经济实力。

（四）保障国家安全

粮食安全是国家安全的重要组成部分，具有重要的战略意义。一个国家的粮食自给能力越强，对外部风险的抵御能力就越大。如果一个国家过度依赖粮食进口，可能会在国际市场上受到价格波动和供应不稳定的影响，甚至可能受到外部势力的威胁。因此，保障粮食安全，提高粮食自给率，是确保国家独立自主和安全的重要措施。

第二节　国家粮食安全的发展

一、我国粮食安全现状

我国粮食安全现状总体上呈现出积极向好的态势，可以从生产、结构和库存等多个方面进行综合判断。

（一）生产方面

党的十八大以来，我国粮食产量稳步增长，已经连续9年保持在1.3万亿斤[①]以上，特别是2023年，大面积提高单产在全国粮食产量高位增加中发挥了重要作用，单产提高对增产的贡献达58.7%，有效缓解了自然灾害的影响，实现以丰补歉、以秋补夏。2023年我国人均粮食占有量超过490公斤[②]，高于人均400公斤的国际粮食安全标准线，这表明我国在保障国民基本粮食需求方面具有充足的保障能力。此外，农业生产的现代化水平不断提升，农业机械化、智能化水平显著提高，为粮食生产的稳定性和可持续性提供了有力支撑。

（二）品种结构方面

从品种结构来看，我国粮食生产结构不断优化。口粮生产稳定，连续多年产大于需，确保了国民基本的粮食安全。同时，随着居民生活水平的提升和消费习惯的变化，对优质水稻和专用小麦的需求增加，市场上这类粮食的供给也在相应增加，满足了消费者对高品质生活的追求。在玉米这一需求增量较大的粮食品种上，产量的增加尤为明显，有效改善了供需关系。大豆作

① 1斤=0.5千克。

② 1公斤=1千克。

为重要的油料和蛋白质来源，近年来扩种成效显著，自给率水平得到进一步提升，减少了对外部市场的依赖。

（三）库存方面

我国粮食库存比较充裕，处于较高水平，粮食库存消费比远高于联合国粮农组织提出的17%～18%的安全水平。这为应对可能的自然灾害、市场波动等不确定性因素提供了坚实的物质基础。

二、我国粮食安全面临的问题和风险

目前，我国粮食安全保障能力显著增强。但同时也要清醒认识到，随着自然资源环境约束进一步趋紧以及全球农产品产业链、供应链不稳定不确定性明显增加，我国粮食安全仍面临一系列风险挑战，需要妥善应对。

（一）当前面临的主要问题

1. 农业生产受自然灾害影响较大

随着全球气候变化的加剧，近年来我国极端气候事件有所增多，如洪水、干旱、冰雹等，这些灾害对农业生产构成了严重威胁。农作物生长期间的不利气候条件会导致产量下降、品质受损，甚至造成农作物绝收。此外，粮食作物病虫害的发生也呈现增多趋势，病虫害的种类和范围不断扩大，给粮食生产带来了较大的不确定性和风险。这就要求我们必须加强农业灾害预警和防治体系建设，提高农业生产的抗灾能力。

2. 耕地保护形势依然严峻

尽管国家对耕地保护高度重视，并制定了严格的耕地保护政策，但在实际执行过程中仍面临一些困难和挑战。一些地区存在违规占用耕地、改变耕地用途的现象，导致耕地资源的减少和质量下降。同时，随着城市化进程的加快，耕地"非粮化""非农化"问题日益突出，部分优质耕地被用于非农业建设，影响了粮食生产的基础。此外，耕地撂荒现象在一些地区时有发生，这不仅浪费了宝贵的土地资源，也对粮食安全构成了潜在威胁。因此，需要进一步加强耕地保护和管理，确保耕地资源得到合理利用和有效保护。

（二）需持续关注的风险挑战

1. 粮食供求紧平衡态势长期存在

随着人口的持续增长和经济的快速发展，人民的生活水平不断提高，对粮食的需求也在不断增加。特别是在城市化进程加快的背景下，居民对粮食消费的需求日益多样化和个性化，这对粮食生产提出了更高的要求。同时，由于我国人均耕地面积有限，加之耕地资源的不断减少和退化，粮食生产的潜力受到限制，使得供求关系长期处于紧平衡状态。

2. 资源环境约束持续偏紧

我国农业面临的资源环境问题十分突出，人均耕地和水资源的匮乏是制约我国粮食安全的重要因素。随着工业化和城市化的推进，耕地面积不断减少，土壤质量退化问题日益严重，这对粮食生产的可持续性构成了严重威胁。此外，水资源短缺和污染问题也日益凸显，不仅影响了农业生产的稳定性，也给粮食的质量和安全带来了隐患。

3. 科技创新能力依然存在短板

科技创新是推动农业现代化和提高粮食生产效率的关键。然而，我国在农业科技创新方面仍存在不少短板，特别是在育种、农机研发及应用等方面与世界先进水平相比仍有较大差距。此外，基层农技推广体系的建设也面临人员老龄化和配备不足的问题，这限制了农业科技的普及和应用。

4. 农民种粮积极性不高

当前，我国农业生产中存在的耕地使用细碎化问题尚未得到根本解决，这导致粮食生产难以实现规模化经营和提高效率。同时，粮食生产成本的持续上升和比较效益的降低，使得农民种粮的积极性受到影响。

第三节　国家粮食安全战略安排

党的十八大以来，党中央把粮食安全作为治国理政的头等大事，提出“谷物基本自给、口粮绝对安全”的新粮食安全观，实施“以我为主、立足国内、确保产能、适度进口、科技支撑”的国家粮食安全战略，为新时代牢牢端稳“中国饭碗”、牢牢把住粮食安全主动权指明了战略方向、提供了根本遵循。

一、树立新粮食安全观

（一）新粮食安全观的内涵

新粮食安全观是谷物基本自给、口粮绝对安全。

谷物基本自给，就是要保持谷物自给率在95%以上；口粮绝对安全，就是谷物当中的水稻和小麦的自给率要基本达到100%。这是我国粮食安全的底线，是保障国家粮食安全的硬指标。要实现这两个目标，稳定粮食播种面积是基础。我国约60%的人以稻米为主食，约40%的人以面食为主食。同时，由于耕地资源有限，也需要合理配置资源，优先保障谷物生产。

（二）新粮食安全观的重要意义

新粮食安全观是以人民为中心的发展思想最直接、最根本的体现。14亿多人口的吃饭问题是中国最大的民生，也是中国最大的国情。坚持以人民为中心的发展思想，必须从根本上解决好14亿多人口吃饭这个最大的民生问题，为不断把人民对美好生活的向往变为现实奠定坚实基础。以习近平同志为核心的党中央坚持人民至上，把解决吃饭问题作为治国理政的头等大事，将保障国家安全作为保障人民切身利益最重要的议题，提出新粮食安全观，为新的历史征程上保障粮食安全奠定了坚实的基础。

新粮食安全观是牢牢把住粮食安全主动权的重要指引。粮食安全是买不来的。作为一个拥有14亿多人口的大国，依靠进口保吃饭，既不现实也不可能，必须坚持新粮食安全观，牢牢把握粮食安全主动权，全方位夯实粮食安全根基。当前和今后一个时期，面对世界进入新的动荡变革期的复杂局面，应深刻领会新粮食安全观的历史逻辑、理论逻辑和实践逻辑，聚力全方位夯实粮食安全根基、牢牢把住粮食安全主动权，为新发展阶段经济行稳致远、社会安定和谐、有效应对国内外各种风险挑战、确保国家大局稳定奠定更加坚实的基础，提供更加有力的支撑。

中国坚持新粮食安全观、加强粮食安全的一系列重要举措，对促进全球粮食安全合作、推动全球共同维护粮食安全具有重要意义。粮食安全关系人类永续发展和前途命运，是构建人类命运共同体的重要基础。中国探索形成的保障粮食安全之路，为世界维护粮食安全提供了重要经验借鉴，对推动加强世界粮食安全合作、提高发展中国家粮食生产能力和安全保障水平，具有重要的示范和引领作用。

二、国家粮食安全战略的总体框架

（一）以我为主

坚持以我为主，深刻认识粮食安全是保障国家安全的重要基础。14亿多人口的吃饭问题是我国最大的国情。党的十八大以来，以习近平同志为核心的党中央把粮食安全作为"国之大者"，在确立国家粮食安全战略的基础上进一步提出了"谷物基本自给、口粮绝对安全"的要求。目前，我国小麦和稻谷两大口粮自给率超过100%，谷物自给率超过95%。值得关注的是，尽管2020年突发的新冠疫情对世界粮食安全造成了巨大冲击，但正由于我国始终坚持“手中有粮，心中不慌”，不仅为应对疫情引发的各种风险挑战争取了主动，更为统筹推进疫情防控和经济社会发展提供了物质保障。因此，只有落实好国家粮食安全战略，紧扣国情国力坚持以我为主，才有能力在各种安全风险考验面前做到“不畏浮云遮望眼”“乱云飞渡仍从容”。

（二）立足国内

坚持立足国内，深刻认识只有立足粮食基本自给才能掌握粮食安全主动权。“自己动手、丰衣足食”，坚持独立自主是中国共产党长期以来保障国家粮食安全的重要原则之一。2021年12月，习近平总书记在中央农村工作会议上指出，保障好初级产品供给是一个重大战略性问题，中国人的饭碗任何时候都要牢牢端在自己手中，饭碗主要装中国粮。立足国内基本解决我国人民吃饭问题，是由我国的基本国情决定的，也是我们一以贯之的发展方针。正如习近平总书记反复强调的那样，我们绝不能买饭吃、讨饭吃，饭碗里必须主要装我们自己生产的粮食。

（三）确保产能

坚持确保产能，扎实推进藏粮于地、藏粮于技。保障国家粮食安全的根本在于耕地，耕地是粮食生产的命根子。我国用世界9%的耕地养活世界近20%的人口，这就决定了我国必须把关系到十几亿人吃饭大事的耕地保护好，决不能有闪失。一方面，要实行最严格的耕地保护制度，依法依规做好耕地占补平衡，规范有序推进农村土地流转，像保护文物甚至像保护大熊猫那样来保护耕地；另一方面，要确保农田就是农田，而且必须是良田，加快推进高标准农田建设，提高土地生产率。解决吃饭问题，根本出路在科技。在全面推进农业高质量发展的背景下，重视农业科技攻关和技术推广应用，通过试验、示范、培训、指导以及咨询服务等方式将农业科技传递到田间地头。与此同时，加强农业科技社会化服务体系建设，解决农业科技服务供给不足、供需不畅等难题，实现小农户和现代农业发展有机衔接。

（四）适度进口

坚持适度进口，充分用好两个市场、两种资源。习近平总书记指出，国内粮食需求增长很快，粮食安全要靠自己保全部，地不够，水不够，生态环境也承载不了。在国内粮食生产确保谷物基本自给、口粮绝对安全的前提下，为了减轻国内农业资源环境压力、弥补部分国内农产品供求缺口，适当增加进口和加快农业走出去步伐是必要的。但在用好两个市场、两种资源过程中，一方面，要坚持内外统筹和协调互促，避免“国内增产—国家增储—进口增加—国家再增储”所导致的“国货入库、洋货入市”问题；另一方面，要加快建立多元化的粮食进口来源体系，解决进口来源地相对集中的问题。因此，在农产品进口问题上，适当扩大国内紧缺农产品进口，绝不意味着立足国内基本解决吃饭问题的大政方针有任何改变，绝不能将此误读为可以放松国内粮食生产；而是通过自给加适当进口满足农产品需求。

（五）科技支撑

坚持科技支撑，坚决打好种业翻身仗。种子是农业的“芯片”，粮食安全的前提是种业安全。近年来我国种业发展取得明显改善，农作物良种覆盖率达到96%，自主选育品种面积占比超过95%，基本上做到了中国粮用中国种，为国家粮食安全提供了有力支撑。但与发达国家相比，我国种业在自主创新、生物育种、农业种质资源保护与利用方面仍存在较大差距，特别是种业市场大而不强的问题更加突出。我国各类种子企业已经超过6 000家，企业数量的增加直接导致了行业集中度的降低，部分研发能力较弱的中小型种子企业在实际过程中还存在侵犯他人知识产权、套牌或冒牌销售种子等行为，从而严重影响了种子企业科研投入的积极性及发展强大的内生动力。因此，一方面，要大力推进种源等农业关键核心技术攻关，解决部分农产品种质资源创新和育种中的“卡脖子”难题，保障国家粮食安全；另一方面，要在积极推进农作物商业化育种的同时加强育种领域知识产权的保护工作，培育具有自主知识产权的突破性优良品种。

第二章 抓好粮食和重要农产品生产

第一节 粮食生产的区域布局和结构优化

粮食生产是指一定时期的一定地区，在一定的经济技术条件下，由各生产要素综合投入所形成的粮食产出。粮食生产是保障粮食安全的基础环节。

一、粮食生产的区域布局

（一）“两区”的划定

粮食生产功能区和重要农产品生产保护区，简称“两区”。“两区”是一个新事物，包括稻谷、小麦、玉米三大谷物粮食生产功能区，大豆、棉花、油菜籽、糖料蔗、天然橡胶等五类重要农产品生产保护区。

1. 粮食生产功能区

稳步推进粮食生产功能区建设，建设水稻、小麦、玉米等主粮生产功能区。其中，水稻生产功能区建设以东北平原、长江流域、东南沿海地区为重点；小麦生产功能区建设以黄淮海地区、长江中下游、西北及西南地区为重点；玉米生产功能区建设以东北平原、黄淮海地区以及汾河和渭河流域为重点。加大对粮食生产功能区的政策及农业资金支持力度，引导粮食生产功能区内的农户种植目标作物。针对产粮大县以及基础条件良好的粮食生产区域，打造生产基础稳固、产业链条完善、集聚集群融合、绿色优质高效的国家粮食安全产业带。

2. 重要农产品生产保护区

建设重要农产品生产保护区，加强大豆、棉花、油料作物生产保护区建设。其中，大豆生产保护区以东北地区为重点、黄淮海地区为补充，提升大豆综合生产能力。棉花生产保护区以新疆为重点、以长江和黄河流域的沿海沿江环湖地区为补充。针对黄淮海地区，积极推进花生生产。针对长江流域，稳步扩大油菜生产保护区种植面积，提升长江中下游地区油茶生产。针对西北地区，推动其油葵、芝麻、胡麻等油料作物发展。巩固提升广西、云南糖料蔗生产保护区产能。加强海南、云南、广东天然橡胶生产保护区胶园建设。在全国范围内，根据当地气候及土地资源情况，建立起一批高质量农产品生产保护区，保障国家粮食安全。

（二）“两区”建设的意义

1. 落实藏粮于地、藏粮于技战略，确保谷物基本自给、口粮绝对安全

近年来，我国粮食连年增产，棉油糖等重要农产品供给充足，但工业化、城镇化发展与农业生产用水用地矛盾不断凸显，直接影响国家粮食安全和农业可持续发展。以关系国计民生的粮食等重要农产品为重点，以耕地保护红线、永久基本农田为基础，在水土资源环境条件较好、农业基础设施比较完善的优势产区，划定并建设“两区”，增强粮食和重要农产品供给保障能力，是落实新时期国家粮食安全战略的重大举措。

2. 推进供给侧结构性改革，优化农业区域布局

随着我国经济社会发展进入新常态，农产品供求关系发生了深刻变化，部分农产品阶段性供过于求与品种结构矛盾并存，必须大力推进农业供给侧结构性改革。通过建立“两区”，进一步聚焦核心品种和优势产区，将粮食等重要农产品生产用地细化落实到地块，优化区域布局和要素组合，可以为农业结构战略性调整和提高农产品市场竞争力提供坚实支撑。

3. 完善农业调控方式，推进农业现代化

我国农业生产科技水平不高，主要农作物耕种收综合机械化率较低，农业生产方式和管理方式比较粗放。以“两区”为平台，推动农业科技集成和推广应用，创新农业发展机制，有利于推动建立现代农业产业体系、生产体系和经营体系，引领全国现代农业建设，有利于完善农业宏观调控方式，实现国家强农惠农政策精准定位、精准施策、精准监测和精准评价，更好地调动地方政府和农民发展粮棉油糖生产的积极性。

（三）加强“两区”建设的策略

1. 基础设施与资金保障的全面加强

各级政府应将粮食生产功能区和重要农产品生产保护区作为保障粮食安全和重要农产品供给的重点领域，确保政府在资金和政策上给予充分支持。这不仅涉及基础设施的建设和改善，如提升农田水利设施、改善田间道路条件等，还包括对农业生产经营主体的扶持政策，以促进农业生产效率的提升和保障粮食安全。政府应当制定和实施一系列具体措施，如专项资金投入、税收减免、财政补贴、优惠贷款等，以确保“两区”内的资金流动性和投资吸引力。同时，政策的制定应充分考虑到农业生产的实际需求和发展趋势，鼓励和引导农业生产经营主体积极参与到“两区”的建设和发展中来，通过政策激励和资金支持，促进农业产业结构的优化和升级，确保农产品的有效供给和农业可持续发展。

2. 培育新型农业经营主体，推动生产结构优化

在“两区”建设中，发展适度规模经营是调整和优化农业生产结构的关键环节。政府应鼓励和支持家庭农场、专业大户等新型农业经营主体的发展，充分发挥它们在市场适应性、政策响应速度以及带动效应方面的优势。通过培育这些新型经营主体，可以推动农业生产向绿色、优质、高效的方向发展，同时促进一二三产业的融合发展，增加农产品的附加值，提高农业综合竞争力。此外，政府还应加强对这些新型经营主体的培训和指导，提供市场信息服务，帮助它们更好地把握市场动态，提高经营管理水平，从而在“两区”内形成一批具有示范效应的现代农业企业，带动整个区域农业的发展。

3. 提升农业社会化服务水平，促进现代农业发展

提升“两区”内的社会化服务水平是现代农业发展的重要支撑。政府应致力于构建一个全程覆盖、综合配套、便捷高效的农业社会化服务体系，这包括优化基层农技推广体系、提高农技推广和服务能力、建立健全农业信息化服务体系，以及提供精准的农业技术服务和市场信息服务。通过这些措施，可以帮助小农户更好地融入现代农业发展，实现农业生产的现代化和信息化，提高农业生产效率和农产品质量。同时，政府还应加强对农业社会化服务组织的扶持和管理，确保服务的质量和效率，为农业生产提供强有力的技术支撑和服务保障。

4. 利用现代信息技术，建立“两区”监测监管体系

为了实现“两区”内的精细化管理，应综合运用物联网、云计算、大数据、遥感等现代信息技术，建立一个动态的农作物种植情况监测监管体系。这个体系应能够实时监控和分析农作物的生长状况、土壤湿度、气候变化等多种因素，及时发现并处理可能出现的问题，确保“两区”内的农业生产活动健康有序进行。此外，监测监管体系还应具备预警和风险评估功能，能够对自然灾害和市场风险进行预测和评估，为农业生产提供科学的决策依据。通过这些措施，不仅可以提高农业生产的可持续性，还能增强对自然灾害和市场风险的应对能力，为“两区”的稳定发展提供坚实的技术保障。

二、优化粮食品种结构

优化粮食品种结构是提高农业生产效率、保障国家粮食安全和满足人民日益增长的美好生活需要的重要措施。通过调整和优化粮食作物的种植结构，可以更好地适应市场需求，提高农产品的质量和竞争力，促进农业可持续发展。

（一）稳定发展优质粳稻，巩固提升南方双季稻生产能力

粳稻作为我国重要的粮食作物之一，在南方地区具有广泛的种植基础和消费市场。稳定发展优质粳稻，要通过选育和推广高产、优质、抗病的新品种，提高单产和品质。同时，加强农田水利设施建设，提升灌溉效率和抗旱能力，确保双季稻的生产稳定性。此外，推广科学的种植技术和管理模式，如水稻旱直播、节水灌溉等，可以有效提高水资源利用效率，降低生产成本，增强双季稻的市场竞争力。

（二）大力发展强筋、弱筋优质专用小麦

小麦作为我国北方地区的主食之一，其品质和产量直接关系到国家粮食安全和人民生活。发展强筋、弱筋优质专用小麦，需要加大对小麦品种改良的科研投入，培育出更多适应不同加工需求的新品种。同时，推广精准农业技术，如变量施肥、病虫害智能监测等，提高小麦的产量和品质。此外，加强小麦产业链的建设，从种植、收获到加工、销售等各个环节，实现优质小麦的高效转化和价值最大化。

（三）适当恢复春小麦播种面积

春小麦作为我国北方地区的重要粮食作物，具有生长周期短、抗逆性强的特点。适当恢复春小麦播种面积，可以有效利用土地资源，提高粮食总产量。在此过程中，需要结合地区气候条件和土壤特性，选择适宜的春小麦品种进行种植。同时，加强农业技术推广，指导农民科学种植，提高春小麦的产量和品质。

（四）扩大优势区玉米种植面积，鼓励发展青贮玉米等优质饲草饲料

玉米作为我国重要的粮食和饲料作物，其市场需求量大、产业链条长。

扩大优势区玉米种植面积，需要根据气候条件、土壤特性和市场需求，科学规划种植区域和种植结构。同时，鼓励发展青贮玉米等优质饲草饲料，不仅可以满足畜牧业的发展需求，还可以提高土地利用率和农业生产的综合效益。推广玉米深加工技术，提高玉米产品的附加值，促进农业产业结构的优化升级。

（五）实施大豆振兴计划，增加高油高蛋白大豆供给

大豆作为我国传统的油料和蛋白质来源，具有重要的经济和营养价值。实施大豆振兴计划，要加大对大豆科研的投入，培育出更多高油、高蛋白的优质品种。同时，推广大豆与玉米、小麦等作物的轮作制度，改善土壤结构，提高土地的利用率和大豆的产量。此外，加强大豆产业链的建设，从种植、收获到加工、销售等各个环节，提高大豆的市场竞争力和经济效益。

（六）稳定马铃薯种植面积，因地制宜发展杂粮杂豆

马铃薯作为我国重要的粮食和蔬菜作物，具有耐旱、耐瘠薄、适应性强的特点。稳定马铃薯种植面积，可以有效提高粮食总产量，保障粮食安全。同时，因地制宜发展杂粮杂豆，如荞麦、燕麦、绿豆、红小豆等，可以丰富农产品种类，满足市场多样化的需求。通过科学种植和深加工技术的应用，提高杂粮杂豆的产量和品质，增加农民收入，促进农业可持续发展。

第二节　粮食生产的质量安全

随着我国粮食总产量连年增加，已经基本上能够满足人民群众的消费需要，随之人民对粮食的质量提出了更高要求，保证粮食质量安全已经成为农业供给侧结构性改革的核心问题之一。

一、粮食生产质量安全的内涵

要合理界定“粮食生产质量安全”的内涵，前提和关键在于界定“粮食质量安全”的内涵。由于粮食是食品、农产品的一种，所以目前学界有学者将“食品质量安全”和“农产品质量安全”的概念直接引用到“粮食质量安全”的概念中。我国《中华人民共和国农产品质量安全法》明确提出农产品质量安全是指农产品质量达到农产品质量安全标准，符合保障人的健康、安全的要求。就粮食而言，其质量安全意味着粮食在生产、储藏、运输、加工

和销售等环节的各种有毒、有害物质得到控制，粮食达到安全标准要求，不会给消费者本人、后代和环境带来危害和损失。

目前，也有学者从“粮食安全”概念得出“粮食质量安全”概念。有学者提出，根据我国《中华人民共和国国家安全法》第二十二条的规定，粮食安全包括粮食供给安全和粮食质量安全。粮食供给平衡是粮食安全的基础，只有供给平衡，人们才“吃得饱”；粮食价格稳定是粮食安全的保障，只有价格稳定，人们才“吃得起”；粮食质量安全是粮食安全的高层次要求，不能停留在“吃得饱”和“吃得起”，更要“吃得好”和“吃得健康”。

综上所述，粮食质量安全是指人们可以在粮食的生产、流通、消费等环节获得能够满足人体营养需要，并且不会对人体健康造成损害的状态。粮食生产质量安全是指在生产环节能够产出满足人体营养需要、不会对人体健康造成损害的粮食的一种状态。

二、我国粮食生产质量安全的现状

（一）总体质量安全水平较高

总体来看，我国粮食质量水平逐年提高，整体质量良好。2020年1月14日在北京举行了“党的十八大以来中国食品安全风险治理暨教育部哲学社会科学系列发展报告《中国安全发展报告》《中国食品安全网络舆情发展报告》研究成果报告会”，会上发布的《党的十八大以来中国食品安全状况的研究报告》显示，主要食用农产品质量安全“稳中向好”，抽检合格率保持在97%以上。

随着粮食综合生产能力稳步提升，群众粮油消费由“吃得饱”向“吃得好”转变。在2019年世界粮食日和全国粮食安全宣传周主会场活动启动之际，《迈向粮食产业强国》一文中提出，要高质量发展粮食产业经济，增加绿色优质粮食产品供给，加快推动粮食产业迈向中高端水平，能够在更高层次上保障国家粮食安全。要加快推动粮食产业转型升级，由注重规模扩张向注重质量提高转变，到2025年基本建立现代化粮食产业体系，保障国家粮食安全的能力显著增强，绿色优质高端产品供给大幅增加，逐步形成世界先进的创新引领能力和产业竞争优势。

（二）部分质量问题突出

在粮食质量稳步提升的同时，粮食生产也存在着一些质量问题。

1. 粮食中的农药残留超标

农药是粮食生产中用于防治病虫害及调节粮食生长的重要生产资料，合理施用农药对保障粮食高产、优质具有重要意义。但在农民的劳动力素质整体偏低的情况下，滥用农药的现象在粮食种植中较常见。通过对农民使用除草剂的情况进行实地调查发现，绝大多数农民为了节省除草的时间和力气而滥用除草剂。绝大多数农民缺乏对除草剂毒性的认识，并且对保障粮食质量安全意识不强导致滥用除草剂状况的普遍存在。除除草剂外，不合理使用杀菌剂、杀虫剂、植物生长调节剂等有的是为了提高粮食产量，有的是为了防治病虫害，但是一旦滥用就会造成不同程度的环境污染、土壤污染，残留于粮食中会严重危害人类的健康。

2. 粮食中重金属超标

粮食生产环节的主要污染主要是来自生态环境中的污染物、化肥、农药等，这些污染源往往是通过土壤对粮食质量造成严重影响。粮食作物的重金属污染主要通过根系从土壤中吸收、富集重金属污染物形成，有毒重金属难以降解，并在人体内聚集，长期食用会引起慢性中毒或者对生命、身心健康构成严重威胁。

3. 优质粮的供需平衡问题仍制约我国粮食质量安全

《2019年中国稻谷（大米）产业报告》指出，尽管优质大米产量增长速度较快，但是优质大米产量仍然偏低。我国优质大米需求向好，发展速度很快，但与人们日益增长的需求相比仍不匹配。从水稻种植来看，近几年我国优质稻种植面积持续增长，但普通品种的稻谷种植比例依然偏高，每年仍需启动托市收购来稳定市场。从大米加工和销售来看，市场上充斥的依然是普通大米，优质大米比例偏低。如有机大米产量占比只有1%多点，远不能满足人们对美好生活的需要。

三、构建粮食质量安全的政策体系

对于粮食生产质量调控，我国长期以政策、制度调控为主，每年出台的中央一号文件和其他政策性文件大多涉及农产品质量安全内容，但这些政策调控手段目前并没有形成一个系统的调控规划。基于我国的粮食安全现状，建议制定和完善相关政策。

（一）制定粮食科技创新政策

目前，我国粮食质量出现问题的原因主要包括化肥、农药的不合理使用，以及种子的质量不高。导致这种现象多发的原因在于，化肥、农药投入的成本低于人工劳动力，高品质种子价格高昂。在这种情况下，政府应制定一些科技创新政策引导市场提供依赖有机肥的良种，引导低农药使用、优质的种子培育研发。通过科技创新政策，提高种植人员素质，培养一批研发优质种子和先进种植技术的科研人员。地方政府应配合中央政府出台配套政策，引导农民进行种植调整。

（二）建立对粮食生产者的质量激励政策

由于粮食生产者与消费者、政府之间存在严重的信息不对称，所以粮食消费者和政府获取相关信息的成本都非常之大。与缩小信息不对称的鸿沟相比，通过政府制定政策激励粮食生产者主动向消费者提供高质量的粮食是一种更有效的途径。我国政府应该制定相关政策对高质量粮食的生产进行相应的补贴或者奖励，并制定政策提高消费者的粮食消费水平，激励消费者对高质量产品的消费。为了保证粮食生产者提供高质量粮食，建议完善有关消费者投诉和发挥社会组织有效监管的政策，对粮食生产者的行为起到外部监督作用。

（三）健全粮食生产质量的监管政策

针对目前我国粮食生产质量安全的现状，各级政府部门应该认真履行公共管理职能，加强粮食生产的事前、事中、事后监管。粮食生产质量安全监管应以维护市场准入秩序为基本价值取向，如果将粮食质量安全监管定位于市场管理，或将管理环节后置，对于市场上的不合格粮食只能销毁，这对于社会财富是巨大的浪费，而且无法从根本上杜绝不合格粮食流入市场，所以应该完善我国粮食生产企业的市场准入监管政策。为了确保粮食的生产、收购、储存、运输环节的全程可追溯，中央应从政策上强化粮食质量追溯制度建设，激励地方建立配套政策，使追溯平台逐步在粮食质量安全的保障中得到推广。

第三节　粮食生产的扶持政策与激励机制

一、粮食生产的扶持政策

为了保障国家粮食安全，促进农业可持续发展，我国政府出台了一系列粮食生产的扶持政策。这些政策旨在稳定粮食生产，提高农民种粮积极性，增强农业抗风险能力，以及推动产销合作和区域间的均衡发展。

（一）稳定种粮农民补贴

贯彻落实党中央、国务院决策部署，近年来中央财政稳定实施玉米、大豆生产者补贴和稻谷补贴等政策，对实际种粮农民给予直接补贴。同时，为缓解农资价格上涨对农民种粮收益的影响，2022年中央财政先后发放两批实际种粮农民一次性补贴资金共300亿元，充分调动农民种粮积极性；财政部办公厅、农业农村部办公厅联合印发《关于做好实际种粮农民一次性补贴发放工作的通知》（财办农〔2022〕24号），强调补贴发放对象为实际承担农资价格上涨成本的实际种粮者，要求地方各级农业农村、财政部门坚持“谁种粮、谁受益”的原则，将补贴发放到实际种粮农民手中。耕地地力保护补贴是2016年经国务院批准，中央财政在全国范围内推行“三补合一”改革，由原农作物良种补贴、种粮农民直接补贴和农资综合补贴调整合并形成的，具体补贴依据由省级人民政府结合本地实际自定。

（二）稻谷、小麦最低收购价政策

最低收购价政策是指政府设定一个最低价格，当市场价格低于这一水平时，政府或指定机构会以最低收购价购买农民的粮食，以保障农民的基本收益。这一政策有助于防止市场价格波动对农民造成的损失，稳定农民收入。例如，2022年早籼稻、中晚籼稻、粳稻最低收购价分别为每斤1.24元、1.29元和1.31元，分别比2021年提高0.02元、0.01元、0.01元，小麦最低收购价为每斤1.15元（提高0.02元），释放重农抓粮信号，提高农民种粮积极性。

（三）玉米、大豆生产者补贴政策

针对玉米和大豆生产者，政府提供特定的补贴，以鼓励这些作物的生产。补贴的具体金额需要根据当地情况进行确定。例如，黑龙江省鹤岗市兴安区的玉米补贴标准为每亩14元，大豆补贴标准为每亩366元；辽宁省本溪市的玉米补贴标准为每亩74.1元，大豆补贴标准为每亩424.1元；吉林省榆树市的玉米补贴标准为每亩57.19元，大豆补贴标准为每亩500元；内蒙古通辽市辽河镇的玉米补贴标准为每亩58元，大豆补贴标准为每亩502元。

根据规定，只有在合法耕地上种植的玉米和大豆才有资格领取补贴，并且补贴是给予实际生产者的。合法耕地指的是通过合法程序获得合法经营权的耕地。此外，不论是种黄大豆、黑大豆还是青大豆，都在补贴的范围之内。但是，一些地方规定种植青贮玉米无法获得补贴。实际种植者包括农民、家庭农场、农民合作社、合法的外来租种者等，补贴将归属于实际种植者。如果农户将自己的土地承包给他人，那么该农户将无法领取生产者补贴。当然也存在例外情况，比如租地合同规定补贴归原土地拥有者所有，那么将按照合同规定执行。

（四）提供信贷保险服务

推进农业经营主体信贷直通车常态化服务，开展救灾复产、春耕备耕、农垦、头雁、高素质农民等专项信贷行动，为农业经营主体做好粮食生产提供更为便捷有效的金融服务。创新险贷直通车服务，探索通过“农业保险+信贷”支持粮食生产。发挥农业信贷担保体系作用，提升粮食生产主体融资可得性。引导相关金融机构持续加大信贷投入，适当放宽粮食生产主体信贷准入门槛，延长贷款期限，降低融资成本。落实三大粮食作物完全成本保险和种植收入保险13个粮食主产省所有产粮大县全覆盖；在黑龙江、内蒙古开展大豆完全成本保险和种植收入保险试点。

二、粮食生产的激励机制

（一）粮食主产区利益补偿机制

粮食主产区利益补偿机制是为了平衡粮食生产区域与消费区域之间的利益关系，确保粮食生产者能够得到应有的回报。这一机制通过财政转移支付、税收减免、价格支持等多种形式，对粮食生产者尤其是粮食主产区的农民进行补偿。这种补偿既包括对生产成本的补贴，也包括对农民收入的直接补贴，以此来稳定和提高农民种粮的积极性，保障粮食生产的稳定性和持续性。

在实施过程中，政府会根据粮食生产的重要性、产量、品质等因素，对粮食主产区进行综合评估，并据此制定相应的补偿标准和补偿方案。同时，政府还会鼓励和引导粮食主产区加强农业科技创新，提高农业生产效率和产品质量，从而提升粮食生产的综合竞争力。

（二）产粮大县奖励政策

产粮大县奖励政策是国家对粮食生产贡献突出的县级行政区域给予的一种激励措施。这一政策旨在通过财政奖励的方式，鼓励产粮大县进一步加强粮食生产能力建设，提高粮食产量和品质，保障国家粮食安全。

产粮大县的评选通常会考虑多个因素，如粮食种植面积、粮食总产量、粮食单产、农业现代化水平等。获得奖励的产粮大县，可以将奖励资金用于改善农业基础设施、推广先进的农业技术、提高农民种粮收益等方面，以此进一步提升粮食生产的整体水平。

此外，产粮大县奖励政策还可以促进地方农业产业结构的优化，引导农民种植市场前景好、经济效益高的粮食作物，从而实现农业增效、农民增收的目标。

（三）鼓励产销合作，引导建设生产基地

产销合作是现代农业发展的重要趋势，也是提高粮食生产效率和市场竞争力的有效途径。政府鼓励产销区之间建立长期稳定的合作关系，通过签订产销协议、共同建设生产基地等方式，实现资源共享、优势互补。

在产销合作中，产区可以依托自身的资源优势，专注于粮食的生产和加工，而销区则可以利用市场和资本优势，为产区提供市场信息、技术支持、资金投入等。通过这种合作模式，可以有效地缩短粮食从田间到餐桌的距离，减少流通环节，降低流通成本，提高粮食供应的稳定性和可靠性。

政府在推动产销合作的同时，还会引导和支持建设一批高标准的粮食生产基地。这些基地通常会采用先进的农业技术和管理模式，提高粮食生产的规模化、标准化、信息化水平。通过基地建设，不仅可以提升粮食的生产效率和产品质量，还可以促进农业产业结构的优化和升级，带动农民增收和农村经济的发展。

第三章　严格落实耕地保护制度

耕地是人类的衣食之源，是农业生产最基本、最不可替代的生产资料，是保障我国粮食安全和重要农产品有效供给的基础。党中央历来高度重视耕地保护工作，将十分珍惜、合理利用土地和切实保护耕地作为我国的基本国策。

第一节　确保耕地总量稳定与质量提升

一、建立农用地分类管理制度

《中华人民共和国土地管理法》（以下简称《土地管理法》）规定，我国实行土地用途管制制度。国家编制土地利用总体规划，规定土地用途，将土地分为农用地、建设用地和未利用地。严格限制农用地转为建设用地，控制建设用地总量，对耕地实行特殊保护。使用土地的单位和个人必须严格按照土地利用总体规划确定的用途使用土地。《土地管理法》还对违反土地用途管制制度的行为规定了严格的法律责任。这里包含了两个方面的要求：一是要严格按照土地利用总体规划确定的用途使用土地。从大类上讲，农用地必须坚持农业、林业等用途，不得开展违法建设，也不得闲置撂荒。从小类上讲，农用地具体可分为耕地、林地、草地、农田水利用地、养殖水面等，要按照规划确定的具体用途和有关登记证书上确定的农用地类别，合理利用各类农用地。要特别加强对耕地的保护，以确保国家粮食安全为前提，严格控制耕地“非农化”“非粮化”，严禁违规占用永久基本农田种树挖塘。二是要严格限制农用地转为建设用地。根据《土地管理法》的规定，建设占用土地，涉及农用地转为建设用地的，应当办理农用地转用审批手续。其中，永久基本农田转为建设用地的，由国务院批准。其他的农用地转为建设用地的，要按照《土地管理法》规定的程序报批。此外，还要规范耕地占补平衡，严禁占优补劣、占水田补旱地。

二、严格控制耕地“非农化”“非粮化”

2020年，国务院办公厅先后印发《关于坚决制止耕地“非农化”行为的通知》《关于防止耕地“非粮化”稳定粮食生产的意见》，对耕地保护作出专门部署。

（一）坚决制止耕地“非农化”行为

一是严禁违规占用耕地绿化造林。二是严禁超标准建设绿色通道。三是严禁违规占用耕地挖湖造景。四是严禁占用永久基本农田扩大自然保护地。五是严禁违规占用耕地从事非农建设。六是严禁违法违规批地用地。

（二）严格控制耕地“非粮化”

一是明确耕地利用优先序。永久基本农田是依法划定的优质耕地，要重点用于发展粮食生产，特别是保障稻谷、小麦、玉米三大谷物的种植面积。耕地在优先满足粮食和食用农产品生产基础上，适度用于非食用农产品生产。二是加强粮食生产功能区监管。各地区要把粮食生产功能区落实到地块，不得擅自调整。三是稳定非主产区粮食种植面积。主销区要明确粮食种植面积底线，稳定和提高粮食自给率。四是有序引导工商资本下乡。强化租赁农地监测监管，对工商资本违反相关产业发展规划大规模流转耕地不种粮的“非粮化”行为，一经发现要坚决予以纠正，并立即停止其享受相关扶持政策。五是严禁违规占用永久基本农田种树挖塘。六是严格落实粮食安全省长责任制。

三、确保耕地总量不减少、质量有提高

我国实行的是省级人民政府耕地保护责任制。《土地管理法》规定，省级人民政府应当严格执行土地利用总体规划和土地利用年度计划，采取措施，确保本行政区域内耕地总量不减少、质量不降低。耕地总量减少的，由国务院责令在规定期限内组织开垦与所减少耕地的数量与质量相当的耕地；耕地质量降低的，由国务院责令在规定期限内组织整治。新开垦和整治的耕地由国务院自然资源主管部门会同农业农村主管部门验收。个别省、直辖市确因土地后备资源匮乏，新增建设用地后，新开垦耕地的数量不足以补偿所占用耕地的数量的，必须报经国务院批准减免本行政区域内开垦耕地的数量，易地开垦数量和质量相当的耕地。2018年，国务院办公厅印发《省级政府耕地保护责任目标考核办法》，明确将省级政府耕地保护责任目标考核结

果列为省级人民政府主要负责人综合考核评价的重要内容，年度自查、期中检查和期末考核结果抄送中央组织部、国家发展改革委、财政部、审计署、国家粮食局等部门，作为领导干部综合考核评价、生态文明建设目标评价考核、粮食安全省长责任制考核、领导干部问责和领导干部自然资源资产离任审计的重要依据。

2021年中央一号文件在“确保耕地总量不减少、质量不降低”要求的基础上，进一步提出“确保耕地数量不减少、质量有提高”。《中华人民共和国乡村振兴促进法》根据党中央关于耕地保护责任制的最新精神对此作出了规定。各省级人民政府应当按照《中华人民共和国乡村振兴促进法》《土地管理法》和国务院的有关要求，认真落实耕地保护责任制，确保本行政区域内耕地数量不减少、质量有提高。

第二节　永久基本农田保护制度

永久基本农田是最优质、最精华、生产能力最好的耕地，加强永久基本农田保护功在当前、利及长远，是确保国家粮食安全，加快推进农业农村现代化的有力保障，是深化农业供给侧结构性改革，促进经济高质量发展的重要基础，是实施乡村振兴，促进生态文明建设的必然要求。

一、什么是永久基本农田

（一）永久基本农田的概念

2019年修正的《土地管理法》确立了永久基本农田概念。“永久基本农田”是在原《土地管理法》“基本农田”概念基础上提出来的，它既不是在原有基本农田中挑选的一定比例的优质基本农田，也不是永远不能占用的基本农田。按照《基本农田保护条例》的规定，永久基本农田是按照一定时期人口和经济社会发展对农产品的需求，依据土地利用总体规划确定不得占用的耕地，就是对法律规定的基本农田实行永久保护、特殊保护。一经划定，在规划期内必须得到严格保护，除法律规定的情形外，不得擅自占用和改变。

（二）永久基本农田划定

《土地管理法》第三十三条规定，国家实行永久基本农田保护制度。下列耕地应当根据土地利用总体规划划为永久基本农田，实行严格保护：

①经国务院农业农村主管部门或者县级以上地方人民政府批准确定的粮、棉、油、糖等重要农产品生产基地内的耕地；②有良好的水利与水土保持设施的耕地，正在实施改造计划以及可以改造的中、低产田和已建成的高标准农田；③蔬菜生产基地；④农业科研、教学试验田；⑤国务院规定应当划为永久基本农田的其他耕地。

各省、自治区、直辖市划定的永久基本农田一般应当占本行政区域内耕地的百分之八十以上，具体比例由国务院根据各省、自治区、直辖市耕地实际情况规定。

二、我国永久基本农田保护政策

《土地管理法》规定国家实行永久基本农田保护制度，明确了永久基本农田的划定标准、所占比例和调整程序。《基本农田保护条例》对具体监督管理制度作出了细化规定。党中央高度重视永久基本农田保护，党的十九大报告、近年来的中央一号文件，以及《中华人民共和国国民经济和社会发展第十四个五年规划和2035年远景目标纲要》《乡村振兴战略规划（2018—2022年）》等都对此提出了明确要求。2019年，自然资源部、农业农村部印发《关于加强和改进永久基本农田保护工作的通知》，明确了加强永久基本农田保护的具体措施。加强永久基本农田保护，一是要巩固永久基本农田划定成果，严格规范永久基本农田上农业生产活动，依法处置违法违规建设占用问题。二是要严控建设占用永久基本农田，严格占用和补划审查论证，处理好涉及永久基本农田的矿业权设置。三是要统筹生态建设和永久基本农田保护，协调安排生态建设项目，妥善处理好生态退耕。四是要加强永久基本农田建设，开展永久基本农田质量建设，建立健全耕地质量调查监测与评价制度，建立永久基本农田储备区。五是要健全永久基本农田保护监管机制，构建动态监管体系，严格监督检查，强化考核机制，完善激励补偿机制。

三、永久基本农田的管理

（一）从严管控非农建设占用永久基本农田

（1）永久基本农田一经划定，要纳入国土空间规划，任何单位和个人不得擅自占用或者改变用途，不得多预留一定比例永久基本农田为建设占用留有空间，严禁通过擅自调整县乡土地利用总体规划规避占用永久基本农田的审批，严禁未经审批违法违规占用。

（2）一般建设项目不得占用永久基本农田。

（3）重大建设项目选址确实难以避让永久基本农田的，在可行性研究阶段，省级自然资源主管部门负责组织对占用的必要性、合理性和补划方案的可行性进行论证，报自然资源部进行用地预审；农用地转用和土地征收依法报批。

（4）深度贫困地区、集中连片特困地区、国家扶贫开发工作重点县省级以下基础设施、易地扶贫搬迁、民生发展等建设项目，确实难以避让永久基本农田的，可以纳入重大建设项目范围，由省级自然资源主管部门办理用地预审，并按照规定办理农用地转用和土地征收。

（5）严禁通过擅自调整县乡土地利用总体规划，规避占用永久基本农田的审批。

（二）重大建设项目、生态建设、灾毁等占用或减少永久基本农田的，按照“数量不减、质量不降、布局稳定”的要求开展补划，按照法定程序和要求相应修改土地利用总体规划

（1）补划的永久基本农田必须是坡度小于25°的耕地，原则上与现有永久基本农田集中连片，补划数量、质量与占用或减少的永久基本农田相当。

（2）占用或减少城市周边永久基本农田的，原则上在城市周边范围内补划，经实地踏勘论证确实难以在城市周边补划的，按照空间由近及远、质量由高到低的要求进行补划。

（3）重大建设项目用地预审和审查中要严格把关，切实落实最严格的节约集约用地制度，尽量不占或少占永久基本农田。①重大建设项目在用地预审时不占永久基本农田、用地审批时占用的，按有关要求报自然资源部用地预审。②线性重大建设项目占用永久基本农田用地预审通过后，选址发生局部调整、占用永久基本农田规模和区位发生变化的，由省级自然资源主管部门论证审核后完善补划方案，在用地审查报批时详细说明调整和补划情况。③非线性重大建设项目占用永久基本农田用地预审通过后，所占规模和区位原则上不予调整。

（三）临时用地占用永久基本农田的建设项目的管理要求

（1）临时用地一般不得占用永久基本农田，建设项目施工和地质勘查需要临时用地、选址确实难以避让永久基本农田的，在不修建永久性建（构）筑物、经复垦能恢复原种植条件的前提下，土地使用者按法定程序申请临时用地并编制土地复垦方案，经县级自然资源主管部门批准可临时占

用，并在市级自然资源主管部门备案，一般不超过两年，同时，通过耕地耕作层土壤剥离再利用等工程技术措施，减少对耕作层的破坏。

（2）临时用地到期后土地使用者应及时复垦恢复原种植条件，县级自然资源主管部门会同农业农村等相关主管部门开展土地复垦验收，验收合格的，继续按照永久基本农田保护和管理；验收不合格的，责令土地使用者进行整改，经整改仍不合格的，按照《土地复垦条例》规定由县级自然资源主管部门使用缴纳的土地复垦费代为组织复垦，并由县级自然资源主管部门会同农业农村等相关主管部门开展土地复垦验收。

（3）县级自然资源主管部门要切实履行职责，对在临时用地上修建永久性建（构）筑物或其他造成无法恢复原种植条件的行为依法进行处理；市级自然资源主管部门负责临时用地使用情况的监督管理，通过日常检查、年度卫片执法检查等，及时发现并纠正临时用地中存在的问题。

（四）设施农用地占用永久基本农田的管理规定

《自然资源部　农业农村部关于设施农业用地管理有关问题的通知》（自然资规〔2019〕4号）规定，种植设施不破坏耕地耕作层的，可以使用永久基本农田，不需补划；破坏耕地耕作层，但由于位置关系难以避让永久基本农田的，允许使用永久基本农田但必须补划。养殖设施原则上不得使用永久基本农田，涉及少量永久基本农田确实难以避让的，允许使用但必须补划。

（五）永久基本农田必须坚持农地农用，坚决防止永久基本农田“非农化”

（1）禁止任何单位和个人在永久基本农田保护区范围内建窑、建房、建坟、挖沙、采石、采矿、取土、堆放固体废弃物或者进行其他破坏永久基本农田的活动。

（2）禁止任何单位和个人破坏永久基本农田耕作层。

（3）禁止任何单位和个人闲置、荒芜永久基本农田。

（4）禁止以设施农用地为名违规占用永久基本农田建设休闲旅游、仓储厂房等设施。

（5）对利用永久基本农田进行农业结构调整的要合理引导，不得对耕作层造成破坏。

（六）严格规范永久基本农田上农业生产活动

（1）按照“尊重历史、因地制宜、农民受益、社会稳定、生态改善”

的原则，在确保谷物基本自给和口粮绝对安全、确保粮食种植规模基本稳定、确保耕地耕作层不破坏的前提下，有序规范引导永久基本农田上的农业生产活动。

（2）永久基本农田不得种植杨树、桉树、构树等林木，不得种植草坪、草皮等用于绿化装饰的植物，不得种植其他破坏耕作层的植物。在《自然资源部　农业农村部关于加强和改进永久基本农田保护工作的通知》（自然资规〔2019〕1号）印发前已经种植的，由县级自然资源主管部门和农业农村主管部门根据农业生产现状和对耕作层的影响程度组织认定，能恢复粮食作物生产的，5年内恢复；确实不能恢复的，在核实整改工作中调出永久基本农田，并按要求补划。

（七）涉及占用永久基本农田的矿业权的处理办法

（1）全国矿产资源规划确定的战略性矿产，区分油气和非油气矿产、探矿和采矿阶段、露天和井下开采等情况，在保护永久基本农田的同时，做好矿产资源勘查和开发利用。非战略性矿产，申请新设矿业权，应避让永久基本农田，其中地热、矿泉水勘查开采，不造成永久基本农田损毁、塌陷破坏的，可申请新设矿业权。

（2）矿业权申请人依法申请战略性矿产探矿权，开展地质勘查需临时用地的，应依法办理临时用地审批手续。石油、天然气、页岩气、煤层气等油气战略性矿产的地质勘查，经批准可临时占用永久基本农田布设探井。在试采和取得采矿权后转为开采井的，可直接依法办理农用地转用和土地征收审批手续，按规定补划永久基本农田。

（3）煤炭等非油气战略性矿产，矿业权人申请采矿权涉及永久基本农田的，根据露天、井下开采方式实行差别化管理。对于露天方式开采，开采项目应符合占用永久基本农田重大建设项目用地要求；对于井下方式开采，矿产资源开发利用与生态保护修复方案应落实保护性开发措施。井下开采方式所配套建设的地面工业广场等设施，要符合占用永久基本农田重大建设项目用地要求。

（4）已设矿业权与永久基本农田空间重叠的，各级地方自然资源主管部门要加强永久基本农田保护、土地复垦等日常监管，允许在原矿业权范围内办理延续变更等登记手续。已取得探矿权申请划定矿区范围或探矿权转采矿权的按上述煤炭等非油气战略性矿产管理规定执行。矿业权人申请扩大勘查区块范围或扩大矿区范围、申请将勘查或开采矿种由战略性矿产变更为非战略性矿产，涉及与永久基本农田空间重叠的，按新设矿业权处理。矿业权人不依法履行土地复垦义务的，不得批准新设矿业权，不得批准新的建设用地。

（八）涉及占用永久基本农田的生态建设项目的处理办法

（1）党中央、国务院确定建设的重大生态建设项目，确实难以避让永久基本农田的，按有关要求调整补划永久基本农田和修改相应的土地利用总体规划。

（2）省级人民政府为落实党中央、国务院决策部署，提出具有国家重大意义的生态建设项目，经国务院同意，确实难以避让永久基本农田的，按照有关要求调整补划。

（3）其他景观公园、湖泊湿地、植树造林、建设绿色通道和城市绿化隔离带等人造工程，严禁占用永久基本农田。

（九）生态退耕的处理办法

（1）对位于国家级自然保护地范围内禁止人为活动区域的永久基本农田，经自然资源部和农业农村部论证确定后应逐步退出，原则上在所在县域范围内补划，确实无法补划的，在所在市域范围内补划；非禁止人为活动的保护区域，结合国土空间规划统筹调整生态保护红线和永久基本农田控制线。

（2）不得擅自将永久基本农田和已实施坡改梯耕地纳入退耕范围。

（3）对不能实现水土保持的25°以上的陡坡耕地、重要水源地15°～25°的坡耕地、严重沙漠化和石漠化耕地、严重污染耕地、移民搬迁后确实无法耕种的耕地等，综合考虑粮食生产实际种植情况，经国务院同意，结合生态退耕有序退出永久基本农田。

（4）根据生态退耕检查验收和土地变更调查结果，以实际退耕面积核减有关省份的耕地保有量和永久基本农田保护面积，在国土空间规划编制时予以调整。

四、永久基本农田储备区

为提高重大建设项目用地审查报批效率，做到保质保量补划落地，在永久基本农田之外其他质量较好的耕地中，划定永久基本农田储备区。

优先划为永久基本农田储备区的耕地包括如下。

（1）已建成的高标准农田，经土地综合整治新增加的耕地，正在实施整治的中低产田。

（2）与已划定的永久基本农田集中连片，质量高于本地区平均水平且坡度小于15°的耕地。

（3）城镇周边和交通沿线，依据《中华人民共和国土壤污染防治法》列入优先保护类、安全利用类的耕地。

（4）已经划入“两区”的优质耕地。

（5）集中连片、规模较大，有良好的水利与水土保持设施的耕地等。

严禁划为永久基本农田储备区的耕地包括如下。

（1）位于生态保护红线范围内的耕地。

（2）依据《中华人民共和国土壤污染防治法》列入严格管控类耕地。

（3）因自然灾害和生产建设活动严重损毁且无法复垦的耕地。

（4）纳入生态退耕还林还草范围的耕地。

（5）25°以上的坡耕地。

（6）可调整地类等。

第三节　完善耕地占补平衡制度

一、耕地占补平衡制度的概念

耕地占补平衡制度是指非农建设经批准占用耕地要按照“占多少，补多少”的原则，补充数量和质量相当的耕地。

占用单位要负责开垦与所占用耕地的数量和质量相当的耕地；没有条件开垦或者开垦的耕地不符合要求的，应当按照省、自治区、直辖市的规定依法缴纳耕地开垦费，专款用于开垦新的耕地。

二、完善耕地占补平衡制度

（一）改革占补平衡管理方式

按照改革部署，调整完善占用耕地补偿制度，将以往非农建设占用耕地落实占补平衡扩展到各类占用耕地均要落实占补平衡，由“小占补”变为“大占补”；统筹盐碱地等未利用地、其他农用地、低效闲置建设用地等各类非耕地作为补充耕地来源，新增加的可以长期稳定利用的耕地，用于落实补充耕地任务。坚持“以补定占”，在实现耕地总量动态平衡的前提下，以省域内稳定利用耕地净增加量作为下年度补充耕地指标和允许占用耕地规模的上限。

（二）调整占补平衡落实机制

按照“国家管总量、省级负总责、市县抓落实”的要求，建立分级负责、职责明确、监管有力的占补平衡责任落实机制。严格控制跨省域补充耕地规模，从严规范省域内补充耕地指标调剂管理，将补充耕地指标调剂统一纳入省级管理平台，坚决纠正和防范利益驱动下单纯追求补充耕地指标、不顾立地条件强行补充的行为。

（三）加强补充耕地补偿激励

各类占用耕地的实施主体应当按规定落实补充耕地责任。在实践中，将补充耕地费用主要用于耕地保护与质量建设，调动相关主体保护耕地的积极性。

（四）健全补充耕地质量验收制度

配合农业农村部门加强补充耕地质量管理，完善补充耕地质量验收办法，严格质量审核把关。加强补充耕地配套基础设施建设和后续培肥管护，持续熟化土壤、提升耕地质量、稳定耕地利用，防止退化撂荒。

第四节　黑土地保护

一、黑土地的概念

黑土地是指以黑色或暗黑色腐殖质表土层为标志的土地，是一种性状好、肥力高、适宜农耕的优质土地。其土壤成土母质主要为黄土状黏土、洪积物、冲积物、冰碛物及风积物等松散沉积物。黑土层的发育经历了第四纪全新世以来长达万年以上的漫长过程，是十分宝贵的资源。

大面积分布有黑土地的区域被称为黑土区。全球范围内，黑土区总面积占全球陆地面积不足7%，且主要集中在四大黑土区：中高纬度的北美洲中南部地区、俄罗斯-乌克兰大平原区、中国东北地区及南美洲潘帕斯草原区。四大黑土区中，北美洲中南部黑土区面积最大，南美洲潘帕斯草原区面积最小，我国东北黑土区排在第三位。

二、黑土地与普通土壤的区别

黑土区的土壤结构与普通土壤相比具有显著的不同之处。

首先，黑土区的土壤通常具有深厚的黑色腐殖质层，从上到下逐渐过渡到淀积层和母质层，厚度可达30～70厘米，甚至达到100厘米。这种深厚的腐殖质层是黑土区土壤的一个显著特征，与普通土壤相比，其有机质含量极高，通常在10%～39%。这种丰富的有机质不仅为作物生长提供了充足的养分，还使得土壤质地更为疏松多孔，有利于水分和空气的流通，从而促进了作物的生长发育。

其次，黑土区的土壤结构性良好，大部为粒状及团块状结构，无钙层，无石灰反应，有铁、锰结核，还有白色粉末和灰色斑块及条纹。这种土壤结构使得土壤更加透气、透水，有利于根系的生长和养分的吸收。而普通土壤的结构性可能较差，可能存在板结、硬化等问题，不利于作物的生长。

最后，黑土区的土壤质地多为黏壤土，颗粒组成以粗粉砂和黏粒为多，两者比例皆为占30%以上。这种土壤质地使得土壤既具有一定的保水保肥能力，又具有良好的通透性，有利于作物的生长和发育。而普通土壤的质地可能因地区、气候等因素而异，可能存在砂土、黏土等不同类型，其保水保肥能力和通透性也会有所不同。

综上所述，黑土区的土壤结构与普通土壤相比具有深厚的腐殖质层、良好的土壤结构、适宜的土壤质地等特点，这些特点使得黑土区的土壤更加肥沃、透气、透水，有利于作物的生长和发育。

三、黑土地保护与利用技术模式

黑土地保护与利用技术模式是指针对特定区域黑土地退化的主要特征和保护利用的关键难题，所形成的多项关键技术综合集成的解决方案。目前，中国东北地区黑土地保护与利用技术模式主要包括龙江模式、梨树模式2.0、三江模式、大安模式、辽河模式、辽北模式、大河湾模式、北大荒模式、拜泉模式和全域定制模式。

（一）龙江模式

针对黑土开垦后由于高强度利用、用养失调导致黑土层土壤有机质锐减、土壤结构恶化、生物功能退化，以及不合理耕作导致耕作层变浅、犁底层增厚等突出问题，构建了龙江模式。通过秸秆粉碎、有机肥深混还田并结合玉米—大豆轮作等关键技术，促进了大气降水入渗和有机物料碳向土壤碳的转化，提高了全耕作层土壤储水量（增加15%以上）和土壤有机质含量（增加3%以上），增加了作物产量（增加10%以上）。

该模式技术要点包括黑土地耕层扩容增库、玉米—大豆轮作耕作栽培等，主要在黑龙江省全域推广应用。该模式为2022年黑龙江省黑土耕地质量提升和作物高产增效奠定了坚实基础，年度累计推广应用3 110万亩。

（二）梨树模式 2.0

梨树模式2.0以秸秆覆盖还田垄作少耕、条带耕作、宽窄行免耕等保护性耕作技术为主体，以土壤保育、高产高效为目标，从秸秆覆盖耕免结合提温提质、配套农机具研发改制、高产群体调控等方面优化集成，创新升级“梨树模式”，形成技术区域化、参数精细化、机具系统化、管理一体化的高产增效保护性耕作综合技术体系。

梨树模式2.0实现了保护性耕作与粮食高产协同，创造了东北地区同一地块连续4年亩产超吨粮的纪录；得到了吉林省人民政府批示：“大力推广”；目前，建立了梨树和双辽2个万亩示范区、在吉林省建立了10个核心示范点、打造了双辽百万亩高标准示范县，技术已大面积推广。

（三）三江模式

针对三江平原黑土地保护面临水资源安全压力大、低温冷凉、土壤障碍严重、智能化水平有待提升等问题，构建了黑土地保护利用三江模式。通过施用耐低温腐解菌剂、秸秆还田配施有机肥和改良剂、深翻或免翻深松以及苗期进行垄沟深松的耕作措施等，解决了湿润区黑土耕层深松减障提质过程中翻埋还田秸秆快速腐解、耕层快速培肥、低产白浆土障碍消减等问题，提升了区域水土资源整体利用效率与可持续利用潜力。

该模式技术要点包括秸秆翻埋、深松减障、水土优化、智能管控，主要在三江平原地区推广应用并提供多尺度系统解决方案。该模式在友谊农场、二道河农场和曙光农场建立核心示范区，通过北大荒农垦集团有限公司与黑龙江省农业环境与耕地保护站双线推广体系，在垦区16个农场建立了千亩示范区。

（四）大安模式

大安模式以“良田+良种+良法”三良一体化技术体系为核心，通过改土培肥、脱盐降碱、抗逆品种与适生栽培关键技术快速实现盐碱地障碍消减与综合产能提升，结合国土整治、生态修复、现代种业、智能农机和智慧农业、先进农业生产组织等“产业多元一体化”综合治理方式打造盐碱地农业现代化示范样板。

该模式要点包括改土培肥、良种优选、良法优用等技术手段，实现黑土区盐碱地耕层改土降碱、作物产能提升和资源生态高效利用。形成了集成磷石膏+东稻系列水稻+抗逆绿色栽培技术的盐碱地水田“良田+良种+良法”三良一体化高效治理、集成覆沙+324耕作+浅埋滴灌技术的盐碱旱田稳产高产种植、集成脱碱三号+耐盐碱羊草品种+羊草免耕秋播的碱化草地植被快速修复、集成稻田退水消纳+典型芦苇植被恢复+湿地种养结合的盐碱湿地生态治理与资源高效利用等系列技术体系。该模式主要在东北黑土区西南部推广应用，已在吉林大安、长岭、镇赉、洮南、洮北等地建立5个核心示范基地和7个技术示范推广点，示范面积5万余亩，辐射推广1 000余万亩。通过该模式示范推广，实现土壤pH值平均下降0.5个单位，电导率平均下降40%，土壤有机质、速效氮磷含量增加12%以上。

（五）辽河模式

针对辽河平原耕地土壤开垦时间长、土壤肥力下降快等问题，研发了辽河模式。通过种养循环和粪肥资源一体化循环利用等，解决了固体粪污和液体粪污无害化处理、养殖废弃物综合利用以及黑土地有机质还田转化效率提升等关键问题。

该模式技术要点包括全量粪污肥料化沃土、好氧发酵有机粪肥对化肥替代、农业有机废弃物田间近地覆膜腐殖强化等，主要在辽河平原推广应用。在辽宁省昌图县、阜蒙县、沈阳沈北新区建立2.5万亩核心示范区、累计推广应用面积达800多万亩。培训各级农技人员和实施主体1 800余人次。通过粪肥资源一体化循环利用地力培育技术的应用，土壤有机质增加了0.2%～0.3%，有效扩大了土壤全量养分库容，提高了土壤水分和养分供给能力，作物产量提升5%～8%。

（六）辽北模式

针对辽北耕地土壤开垦时间长、土壤肥力下降等问题，构建了辽北米豆轮作黑土保育技术模式（简称辽北模式）。通过玉米秸秆粉碎还田培肥地力、大豆增氮和减肥轮作、大豆粉碎秸秆还田等，解决区域土壤有机碳减少和肥力下降的问题。

该模式技术要点是两年玉米秸秆粉碎还田和一年大豆轮作粉碎还田。秸秆粉碎还田可以增加土壤有机碳含量，活跃土壤微生物，适度增加土壤的通透性、保肥性、缓冲性和供肥能力；大豆轮作可以调整土壤碳氮比，培育良好土壤微生态环境。主要在东北黑土区南部、水热条件较好、土地平整区推广应用。项目区测产结果表明，玉米产量提高6%。

（七）大河湾模式

针对内蒙古东部地区漫坡漫岗、春旱夏涝且雨量集中，导致风蚀水蚀现象严重；耕作层薄、用养失调导致土壤结构恶化；农业资源本底不清，导致种、水、肥、药施用的决策不准；大马力高端农机装备依赖进口，普通农机智能化程度有待提高等突出问题，构建了大河湾模式。通过将无人测土机器人、土壤能谱分析仪等装备与多种信息化手段的融合，构建了“天空地人机”自动化智能化的本底数据采集体系；利用人工智能大模型技术实现了水、土、气、生等农情大数据与作物生长在信息空间的模拟，并能够实现宏观区域级保护性耕作种植模式方案以及微观地块级作业处方的建议；最后通过对传统农机的智能化改造与纯电动无人化三代农机的应用，构建了智能化的农事作业执行系统。

该模式技术要点包括广域内10米×10米级土壤养分数据感知技术，基于人工智能的农事处方决策技术，高地势平地、坡地、洼地的保护性耕作技术，传统农机智能化改造以及纯电动无人化农机的无人作业技术等，主要在内蒙古东部四盟市进行推广应用。2022年，该模式已覆盖呼伦贝尔农垦集团24个农场以及部分内蒙古东部四盟市共1 073万亩。

（八）北大荒模式

针对巩固和提升粮食综合产能、推动农业绿色可持续发展等国家重大需求，构建了黑土地保护利用的北大荒模式。通过科学轮作、绿色生产、精准施肥、智慧农机、保护性耕作、生态治理、格田改造、水资源利用等技术手段，系统性解决黑土地综合利用与黑土地保护问题，实现肥料利用率、水资源利用率、农机作业效率、耕地产出率不断提升。

该模式技术要点可概括为“六个替代”和“六个全覆盖”。“六个替代”是指有机肥替代化肥、绿色农药替代传统农药、地表水替代地下水、保护性耕作替代传统翻耕、智能化替代机械化、规模化格田替代一般农田。“六个全覆盖”是指一般农田和标准农田全覆盖、农机智能化全覆盖、绿色生产全覆盖、标准化生产全覆盖、数字农服管控全覆盖、投入品专业化经营全覆盖。主要在松嫩平原和三江平原等地区推广示范。耕地质量调查评价数据显示，2021年，北大荒集团耕地土壤有机质平均含量为45.9克/千克，比2014年提高2.1克/千克。

（九）拜泉模式

针对黑龙江中西部地区丘陵起伏和漫川漫岗地区水土流失严重的问题，构建了以土壤侵蚀分区治理为核心的拜泉模式。通过考虑自然条件的相似性、社会经济条件的相近性、侵蚀类型—侵蚀强度和防止措施的相同性、治理开发方向的一致性和地域的相连性等自然和社会经济特征，对土壤侵蚀区进行划分，进而通过分区制定治理施策的方式解决区域水土流失问题。

该模式技术要点包括坡沟连治措施，通过实施坡顶防护、坡面防护、沟道防护3项工程，创新并持续深化水土流失“三道防线”综合治理模式，第一道防线是在山顶栽松戴帽，林缘与耕地接壤处开挖截流沟，涵养水源，节流控水；第二道防线是在坡面按等距营造农防林，等高垄作修梯田，就地渗透，蓄水保墒；第三道防线是在沟头石笼防护，沟道修跌水，下游修谷坊，沟岸削坡植树，育林封沟，顺水保土。模式主要在黑龙江省拜泉县及周边地区推广应用。截至2022年年末，拜泉县累计治理水土流失面积1 803.2千米^2，治理侵蚀沟1.99万条，各项水土保持措施年可拦蓄径流量近7 000万米^3，径流减少69%；拦蓄泥沙量近900万吨，泥沙流失量减少62%。

（十）全域定制模式

针对东北黑土区土壤退化和碳损失严重、种养资源不匹配、农业效益不高、区域发展缺乏系统解决方案等瓶颈，构建了黑土粮仓全域定制模式。通过挖掘地域潜力，探究黑土区水、土、气、生、人五大地理要素之间的相互作用机制，促进全生产要素有机整合，运用综合性和交叉性手段从市域—村域—地块等不同尺度破解黑土地保护与利用关键科技问题，实现黑土地保护利用技术高效率、本地化精准应用，形成覆盖全市域、具有多尺度地域特色的分区分类分级的精准策略和系统解决方案。

该模式技术要点包括构建全域定制数据集，依托大数据和人工智能分别从市域尺度、村域尺度和地块尺度形成“分区施策”“依村定策”“一地一策”3个不同尺度的系统方案等。依托中国科学院“黑土粮仓”科技会战，构建了东北全域黑土地大数据库，研建了东北黑土地保护与利用智慧管控平台，形成了分区分类分级的黑土地保护利用系统解决方案。该方案率先在齐齐哈尔市全域推广应用，整合了秸秆覆盖、垄作、免耕等共性技术和旱地大垄双行、水稻田秋打浆等特色技术，形成了针对松嫩平原中厚层黑土、薄层黑土、风沙草甸土等三类九区的针对性技术方案，在13个区县示范推广1 000万亩。

四、国家黑土地保护工程

2021年，中央一号文件提出“实施国家黑土地保护工程”，将黑土地保护上升至国家战略。2022年1月4日，《中共中央　国务院关于做好2022年全面推进乡村振兴重点工作的意见》中提出：深入推进国家黑土地保护工程。2021年7月，《国家黑土地保护工程实施方案（2021—2025年）》提出，“十四五”期间完成1亿亩黑土地保护利用任务，其中标准化示范面积1 800万亩。建设高标准农田5 000万亩，治理大中型侵蚀沟7 000条。实施多种模式保护性耕作，1亿亩耕地每年全覆盖重叠1次。有机肥还田1亿亩。到“十四五”末，耕地质量明显提升，旱地耕作层达到30厘米、水田耕作层达到20～25厘米，土壤有机质含量平均提高10%。

国家黑土地保护工程的实施内容，主要针对黑土耕地出现的变薄、变硬、变瘦问题，着重实施土壤侵蚀防治，农田基础设施建设，肥沃耕作层培育等措施。

（一）土壤侵蚀防治

东北黑土区坡度2°以上的坡耕地面积占比28%，以漫坡漫岗长坡耕地为主，汇水面积大，易形成水蚀。在松嫩平原和大兴安岭东南低山丘陵的农牧交错带，干旱少雨多风，土壤风蚀严重。

1. 治理坡耕地，防治土壤水蚀

建设截水、排水、引水等设施，拦蓄和疏导地表径流，防止客水进农田。采用改顺坡垄为横坡垄，改长垄为短垄，等高种植；打地埂、修筑植物护坎、较长坡面种植物防冲带；坡耕地适宜地区修建梯田，推行改自然漫流为筑沟导流，固定生态植被等，预防控制水蚀。

2. 建设农田防护体系，防治土壤风蚀

因害设防合理规划农田防护林体系，与沟、渠、路建设配套防护林带，大力营造各种水土保持防护林草，实现农田林网化、立体化防护。结合土壤、水分、积温、经营规模等实际情况，在适宜地区推广保护性耕作、精量播种，减少土壤扰动，降低土壤裸露，防治耕地土壤风蚀。

3. 治理侵蚀沟，修复和保护耕地

按照小流域为单元治理的思路，采取截、蓄、导、排等工程和生物措施，形成综合治理体系。小型侵蚀沟结合高标准农田建设实施沟道整形、暗管铺设、秸秆填沟、表层覆土等综合治理措施，将地表汇水导入暗管排水，侵蚀沟修复为耕地。大中型侵蚀沟修建拦沙坝等控制骨干工程，同时修建沟头防护、谷坊、塘坝等沟道防护设施，营造沟头、沟岸防护林以及沟底防冲林等水土保持林，配合沟道削坡、生态袋护坡等措施，构建完整的沟壑防护体系，以有效控制沟头溯源侵蚀和沟岸扩张。

（二）农田基础设施建设

针对黑土地盐碱，渍涝排水不畅，灌溉设施、路网、电网不配套以及田间道路不适应现代农机作业要求等问题，加强田间灌排工程建设和田块整治，优化机耕路、生产路布局，配套输配电设施，改善实施保护性耕作的基础条件。

1. 完善农田灌排体系

针对渍涝导致的土壤黏重和盐渍化等问题，按照区域化治理，灌溉与排水并重，渍、涝和盐碱综合治理的要求，以提高灌区输水、配水效率和排灌保证率为目标，对灌区渠首、骨干输水渠道、排水沟、渠系建筑物等进行配套完善和更新改造，强化排水骨干工程建设。加强骨干工程与田间工程的有效衔接配套，完善田间排灌渠系，形成顺畅高效的灌排体系。

2. 加强田块整治

为防治坡耕地水土流失，促进秸秆还田、深松深耕等农艺措施实施，依托高标准农田建设，推进旱地条田化、水田格田化建设，合理划分和适度归并田块，确定田块的适宜耕作长度与宽度。平整土地，合理调整田块地表坡降，提高耕作层厚度。完善灌区田间灌排体系，配套输配电设施，实现灌溉机井井井通电，大力推广节水灌溉，水田灌溉设计保证率不低于80%。

3. 开展田间道路建设

为推进宜机化作业，优化耕作制度，保障黑土地保护农艺措施落地落实，按照农机作业和运输需要，优化机耕路、生产路布局，推进路网密度、路面宽度、硬化程度、附属设施等规范化建设，使耕作田块农机通达率平原地区100%、丘陵山区90%以上。

（三）肥沃耕作层培育

20世纪50年代大规模开垦以来，东北典型黑土区逐渐由林草自然生态系统演变为人工农田生态系统，由于长期高强度利用，土壤有机质消耗流失多，秸秆、畜禽粪肥等有机物补充回归少，导致有机质含量大幅降低，耕地基础地力下降。加之长期的小马力农机作业，翻耕深度浅，耕作层厚度低于20厘米的耕地面积占一半。

1. 实施保护性耕作

优化耕作制度，推广应用少耕免耕秸秆覆盖还田、秸秆碎混翻压还田等不同方式的保护性耕作。在适宜地区重点推广免耕和少耕秸秆覆盖还田技术类型的梨树模式2.0，增加秸秆覆盖还田比例。其余地区，改春整地为秋整地，旱地采取在秋季收获后实施秸秆机械粉碎翻压或碎混还田，推广一年深翻两年（或四年）免耕播种的“一翻两免（或四免）”的龙江模式、中南模式；黑土层与障碍层梯次混合、秸秆与有机肥改良集成的阿荣旗模式；水田采取秋季收获时直接秸秆粉碎翻埋还田，或春季泡田搅浆整地的三江模式。

2. 实施有机肥还田

秋季根据当地土壤基础条件和降水量特点，推行深松（深耕）整地，以渐进打破犁底层为原则，疏松深层土壤。利用大中型动力机械，结合秸秆粉碎还田、有机肥抛撒，开展深翻整地。在粪肥丰富的地区建设粪污贮存发酵堆沤设施，以畜禽粪便为主要原料堆沤有机肥并施用。

3. 推行种养结合、粮豆轮作

推进种养结合，按照以种定养、以养促种原则，推进养殖企业、合作社、大户与耕地经营者合作，促进畜禽粪肥还田，种养结合用地养地。在适宜地区，以大豆为中轴作物，推进种植业结构调整，维持适当的迎茬比例解决大豆土传病害，加快建立米—豆—薯、米—豆—杂、米—豆—经等轮作制度。

通过肥沃耕作层培育，旱地耕作层厚度要达到30厘米，水田耕作层厚度要达到20～25厘米，土壤有机质含量达到当地自然条件和种植水平的中上等。

（四）黑土耕地质量监测评价

为加强黑土耕地变化规律的研究和此方案实施效果的监测评价，建立健全黑土区耕地质量监测评价制度，完善耕地质量监测评价指标体系和网络，合理布设耕地质量长期定位监测站点和调查监测点，通过长期定位监测跟踪黑土耕地质量变化趋势，建设黑土耕地质量数据库。加强黑土地保护建设项目实施效果监测评价，作为第三方评价的参考。探索运用遥感监测、信息化管理手段监管黑土耕地质量。

1. 按土壤类型设立长期定位监测网

依托中国科学院、中国农业科学院、中国农业大学，以及相关省份科研教育单位，按照土壤类型，建立黑土地保护利用长期监测研究站。根据黑土区气候条件、地形地貌、地形部位、土壤类型、种植作物等，统筹布设耕地质量监测网点，三江平原区、松嫩平原区、辽河平原区按每10万～15万亩布设1个监测点，大兴安岭东南麓区、长白山—辽东丘陵山区按每8万～10万亩布设1个监测点，监测黑土耕地质量主要指标。

2. 实施黑土地保护利用遥感监测

依托科研机构，探索将卫星和无人机多光谱、高光谱、地物光谱等遥感与探地雷达快速检测技术和地面监测技术融合，构建天空地多源数据监测体系，对耕地质量稳定性指标（地形部位、有效土层厚度、耕作层质地等）进行测定与分析，对易变性指标（有机质、全量养分、速效养分、含水量、pH值等）进行动态监测。探索结合大数据、物联网等信息化技术，实现监测指标快速获取、智能判断、综合评价。

3. 开展实施效果评价

与高标准农田建设相结合，开展黑土地保护利用工程实施效果评价。在高标准农田建设项目验收评价中，对道路通达率、灌排能力、农田林网化程度等进行评价，对影响耕地质量的土壤有机质、耕作层厚度等指标进行监测。及时开展项目效果评价，确保高标准农田建设在保护黑土地、提升耕地综合生产能力上发挥作用。完善黑土耕地质量监测指标体系和评价技术，开展执行期和任务完成时的数量和质量评价，监测工程实施效果。

五、《中华人民共和国黑土地保护法》

2022年6月24日第十三届全国人民代表大会常务委员会第三十五次会议审议并全票通过了《中华人民共和国黑土地保护法》（以下简称《黑土地保护法》），并于2022年8月1日起施行。《黑土地保护法》的顺利出台，为依法保护好黑土地这一“耕地中的大熊猫”提供了坚实的法治保障。

《黑土地保护法》共38条，包括立法目的、适用范围、保护要求和原则、政府责任和协调机制、制定规划、资源调查和监测、科技支撑、数量保护措施、质量提升措施、农业生产经营者的责任、资金保障、奖补措施、考核与监督、法律责任等。

（一）科学确定《黑土地保护法》的适用范围

一是突出重点，明确《黑土地保护法》保护的是黑土地所在四省区内的黑土耕地，并要求综合考虑黑土地开发历史等因素，按照最有利于保护和最有利于修复的原则，在国家层面统筹确定黑土地保护范围，并在黑土地保护规划中进一步细化和明确。

二是做好法律之间的衔接，处理好《黑土地保护法》与《中华人民共和国土地管理法》《中华人民共和国森林法》《中华人民共和国草原法》《中华人民共和国湿地保护法》《中华人民共和国水法》等有关法律的关系。

（二）加强统筹协调

一是明确政府职责，规定国务院和四省区人民政府加强对黑土地保护工作的领导、组织、协调、监督管理，统筹制定黑土地保护政策；要求四省区人民政府对本行政区域内的黑土地数量、质量、生态环境负责。

二是要求县级以上地方人民政府建立有关部门组成的黑土地保护协调机制，加强协调指导，明确工作责任，推动黑土地保护工作落实。

三是坚持规划引领，要求将黑土地保护工作纳入国民经济和社会发展规划，明确县级以上人民政府有关部门制定黑土地保护规划，并与国土空间规划相衔接。

（三）切实保障国家粮食安全

一是将“保障国家粮食安全”作为《黑土地保护法》的重要立法目的。

二是落实党中央关于“分类明确耕地用途，严格落实耕地利用优先序”的要求，进一步明确黑土地应当用于粮食和油料作物、糖料作物、蔬菜等农产品生产。

三是与永久基本农田制度相衔接，要求黑土层深厚、土壤性状良好的黑土地应当按照规定标准划入永久基本农田，重点用于粮食生产。

（四）加强黑土地保护科技支撑

一是鼓励开展科学研究和技术服务，明确国家采取措施加强黑土地保护的科技支撑能力建设，支持各类主体开展黑土地保护技术服务。

二是坚持用养结合、综合施策，要求采取工程、农艺、农机、生物等措施，加强黑土地农田基础设施建设，完善黑土地质量提升措施，保护黑土地的优良生产能力。

三是加强黑土地治理修复，要求采取综合性措施，开展侵蚀沟治理，加强农田防护林建设，开展沙化土地治理，加强林地、草原、湿地保护修复，改善和修复农田生态环境。

（五）强化基层组织和农业生产经营者的保护义务

一是明确黑土地发包方职责，要求农村集体经济组织、村民委员会和村民小组监督承包方依照承包合同约定的用途合理利用和保护黑土地，制止承包方损害黑土地等行为。

二是明确生产经营者保护和合理利用黑土地的义务，要求生产经营者十分珍惜和合理利用黑土地，加强农田基础设施建设，应用保护性耕作等技术，积极采取黑土地养护措施。同时，对国有农场的黑土地保护工作提出了明确要求。

三是明确农业生产经营者未尽到黑土地保护义务，经批评教育仍不改正的，可以不予发放耕地保护相关补贴。

（六）建立健全黑土地投入保障制度

一是建立健全黑土地保护财政投入保障制度，建立长期稳定的奖补机制，并在项目资金安排上积极支持黑土地保护需要。

二是建立健全黑土地跨区域投入保护机制。

三是鼓励社会资本投入黑土地保护活动，并依法保障其合法权益。

（七）强化考核监督，加大处罚力度

一是建立考核监督制度，明确国务院对四省区人民政府黑土地保护责任落实情况进行考核，将黑土地保护情况纳入耕地保护责任目标；要求有关部门依职责联合开展监督检查；有关人民政府应当就黑土地保护情况依法接受本级人大监督。

二是明确任何组织和个人不得破坏黑土地资源，禁止盗挖、滥挖和非法买卖黑土。要求国务院有关部门建立健全保护黑土地资源监督管理制度，提高综合治理能力。

三是对破坏黑土地资源的违法行为从重处罚。规定违法将黑土地用于非农建设，盗挖、滥挖黑土，以及造成黑土地污染、水土流失的，依照土地管理、污染防治、水土保持等有关法律法规的规定从重处罚。

第四章　加强农业基础设施建设

第一节　高标准农田建设

高标准农田是指田块平整、集中连片、设施完善、节水高效、农电配套、宜机作业、土壤肥沃、生态友好、抗灾能力强，与现代农业生产和经营方式相适应的旱涝保收、稳产高产的耕地。高标准农田建设内容包括田块整治、灌溉与排水、田间道路、农田防护与生态环境保护、农田输配电工程及科技服务、高标准农田工程的管护。

一、田块整治

（一）概念

耕作田块是由田间末级固定沟、渠、路、田坎等围成的，满足农业作业需要的基本耕作单元。应因地制宜进行耕作田块布置，合理规划，提高田块归并程度，实现耕作田块相对集中。耕作田块的长度和宽度应根据气候条件、地形地貌、作物种类、机械作业、灌溉与排水效率等因素确定，并充分考虑水蚀、风蚀。

田块整治工程包括耕作田块修筑工程和耕作层地力保持工程。田块修筑工程分为条田修筑、梯田修筑，主要包括：土石方工程、田埂（坎）修筑工程。耕作层地力保持工程包括表土剥离与回填、客土改良、加厚土层。

（二）规划设计要求

田块整治工程规划设计应先对田块进行规划，初步确定土地平整区域与非平整区域，对布局不合理、零散的田块应划入土地平整区域，进行零散田块归并，全面配套沟、渠、路、林等田间基础设施和农田防护措施。

设计时，应坚持下列基本原则：一是考虑土地权属调整，权属界线宜沿沟、渠、路、田坎布设；二是设计应因地制宜，并与灌溉、排水工程设计相结合；三是土地平整时应加强耕作层的保护；四是土地平整应按照就近、安全、合理的原则取土或弃土，应通过挖高填低，尽量实现田块内部土方的挖填平衡，平整土方工程量总量最小。

农田连片规模：山地丘陵区连片面积500亩以上，田块面积45亩以上；平川区连片面积5 000亩以上，田块面积150亩以上。

（三）田块修筑工程

按平整的田块类型划分为条田修筑、梯田修筑和田埂（坎）修筑。

1. 条田修筑

地面坡度为0°～5°的耕地宜修建条田，田面坡度旱作农田1/800～1/500、灌溉农田1/2 000～1/1 000。条田形态宜为矩形，水流方向田块长度不宜超过200米，条田宽度取机械作业宽度的倍数，宜为50～100米。

2. 梯田修筑

地面坡度为5°～25°的坡耕地宜修建水平梯田，田面平整，并构成1°反坡梯田，梯田化率达到90%，旱地梯田横向坡度宜外高内低。田块规模应根据不同的地形条件、灌排条件、耕作方式等确定，梯田长边宜平行于地形等高线布置，长度宜为100～200米，田面宽度应便于机械作业和田间管理。

3. 田埂（坎）修筑

田埂（坎）应平行等高线或大致垂直农沟（渠）布置，应有配套工程措施进行保护，因地制宜采用植物护坎、石坎、土石混合坎等保护方式。在土质黏性较好的区域，宜采用植物护坎，植物护坎高度不宜超过1米。在易造成冲刷的土石山区，应结合石块、砾石的清理，就地取材修筑石坎，石坎高度不宜超过2米。修筑的田埂稳定牢固，石埂稳定可防御20年一遇暴雨，土埂稳定可防御5～10年一遇暴雨。

（四）耕作层地力保持工程

1. 耕作层剥离与回填

土地平整时应将耕作层剥离，剥离后的耕作层土壤集中堆放到指定区域，土地平整后应将耕作层土壤均匀回填至平整区。耕作层回填厚度不小于25厘米。剥离耕作层土壤的回填率应不低于80%，并使用机械或人工铺摊均匀，在坡改梯后的耕地上回填土壤，应根据水土保持要求增加竹节沟或梯田田埂设计。耕作层回填前田面必须达到设计回填耕作层底面高程。

2. 客土回填

当项目区内土层厚度和耕作土壤质量不能满足作物生长、农田灌溉排水和耕作需要时，应该采取客土回填方式消除土壤过砂、过黏、过薄等不良因素，改善土壤质地，使耕层质地成为壤土。回填作为底土的客土必须有一定的保水性，碎石和砂砾等粗颗粒含量不超过20%。通过加厚土层，使一般农田土层厚度达到100厘米以上，沟坝地、河滩地等土层厚度不少于60厘米，具备优良品种覆盖度达到100%水平的土壤基础条件。

二、灌溉与排水

（一）灌溉排水工程设计一般规定和要求

灌溉与排水工程包括：水源工程、输配水工程及田间工程。

灌溉技术主要包括：渠灌技术、管灌技术、喷灌技术、微灌技术（含滴灌、涌泉灌、微喷灌、渗灌）。

灌溉水源应以地表水为主，地下水为辅，天然降水为补充。对地下水超采、限采区应严格执行当地水资源管理的有关规定，所有输配水设施均应安装水量计量设备。

灌排渠（管）系建筑物及管理房应配套完善，建议采用国家或省推荐的定型设计图纸，以使项目范围内各型建筑物达到形式统一、协调。

（二）协调

末级固定灌排渠、沟、管应结合田间道路布置，以节约用地，方便管理。末级固定灌排渠、沟、管密度及间距应符合《灌溉与排水工程设计标准》（GB 50288—2018）等有关标准、规范或规定。

灌溉排水工程施工时应根据安全保护需要，在现场设置必要的安全警示牌或警示标志。

（三）灌溉设计标准及设计基准年选择

确定灌溉设计标准可采用灌溉保证率法和抗旱天数法。一般情况下，对干旱地区或水资源紧缺地区且以旱作物为主的，渠灌、管灌的灌溉设计保证率可取50%～75%，半干旱、半湿润地区或水资源不稳定地区，渠灌、管灌的灌溉设计保证率取70%～80%；喷灌、微灌的灌溉设计保证率可取85%～95%。

灌溉水利用系数取值：渠道防渗输水灌溉工程，小型灌区不应低于0.70，地下水灌区不应低于0.80，管灌、喷灌工程不应低于0.80，微喷灌工程不应低于0.85，滴灌工程不应低于0.90。

设计基准年可选择最近一年。

（四）水资源供需平衡分析

项目区水资源开发利用状况及可供水量计算，包括水利工程现状供水能力（包括地表水、地下水、过境水）、新开发水源的潜力及可行性分析。

灌溉制度的拟定及需水量计算：作物种植比例应符合当地种植结构调整计划，灌溉制度应结合当地群众多年丰产灌水经验科学合理地制定，灌溉方式应结合作物种植种类及灌水特点择优确定。

灌溉用水量根据所制定的灌区灌溉制度并考虑灌溉水利用系数等进行计算。

灌区供需水平衡分析计算应以独立水源灌区为计算单元进行。供需水平衡分析后必须有明确结论，如出现不平衡时应提出相应的技术措施。

（五）工程主要建设内容

渠道要说明材料、断面形式、尺寸、长度、厚度等；渠系建筑物要说明建筑物的名称、数量等；管道要说明材质、管径、长度、工作压力等；管系建筑物要说明建筑物的名称、数量等；塘坝、水池、旱井等要说明容积及配套设施；泵站要说明装机容量及其配套设施；机井要说明单井流量、眼数及配套设施等。

（六）水源工程设计说明

灌溉水源主要包括：河流、水库、池塘、湖泊、机井（群）、渠道等。

机井（群）设计说明：包括现状机井深度、井孔直径、井距、井管材料、单井出水量、动水位、静水位等；所配套的水泵及输配变电设备的规格型号及容量等：各类设备新近安装的年份或年限；机井管理房，井台、井罩现状；有关部门颁发的取水许可证时间及许可取水量以及各机井存在的问题等。根据各井灌区农作物的种类、比例等，依据灌溉制度，合理确定所需的机井数量，提出需要配套的水泵及变配电设备规格型号、数量等。

水库、池塘、湖泊、水窖等设计说明：包括水库、湖泊的蓄水容积及水窖、池塘的集水面积、蓄水容积及结构状况；水库、池塘、湖泊、水窖每年或作物生育期内各阶段的蓄水情况；其所配套的建筑物的形式、数量、规模等；并结合工程现状，根据工程需要提出需要新建或改造的建筑物。

河流、渠道水源工程说明：包括每年或作物生育期内各阶段河流、渠道的来水流量、水位变化状况；取水建筑物现状及完好程度，校核取水流量能否满足设计灌溉所需水量，并提出相应的工程措施及设计方案。

泵站取水水源工程设计说明：包括泵站的建设性质、取水水源类型、设计流量、特征水位、地形扬程、机泵选型及运行工况等；所配套机电及输变电设备等情况；泵站各主要建筑物结构形式、尺寸等；已建泵站存在问题及所需改造的内容等。

（七）输水工程设计说明

输水工程主要包括：输水渠、管以及所配套建筑物等。说明输水工程的建设性质、现状输水形式、结构尺寸、流量、长度及存在问题等，根据设计流量复核已建工程的过流能力，提出是否需改造的理由及有关改造内容。

（八）灌区工程设计说明

灌区工程主要包括：各级配水渠、管以及所配套的建筑物等。说明灌区工程的建设性质，灌区现状及存在问题等，根据设计流量复核已建工程的过流能力，提出是否需要改造的理由及有关改造内容；针对不同作物所选用的节水灌溉技术，并进行分类设计计算等。

灌区工程要说明工程采用的灌溉方式及总体布局，着重阐述清楚水源类型、输水形式以及采用的灌溉技术和田间工程布置、控制灌溉面积等。

喷灌工程确定总体布置、喷头选型、布置间距、设计流量、工作制度、运行方式、管网布置，设计流量、干支管水力计算及管径，水泵选型、主要建筑物形式等。

微灌工程确定灌水器选型、灌水器布置、工作制度、运行方式、系统布置、毛管设计、干支管水力计算及管径、首部枢纽设计、主要建筑物形式等。

低压管道输水灌溉确定出水口间距、灌水周期、设计流量、田块规格、管网布局、干支管水力计算及管径、主要建筑物形式等。

机井改造工程原则上要建立机井控制保护+智能灌溉控制模式，实现机井远程启停计量、信息自动生成、数据物联传输共享。

高效节水项目的喷灌、微灌工程以及核心示范区工程，原则上要建成水肥一体化自动控制装置，实现水、肥、药智能控制运行监测，实现区域集成物联网云平台，自动采集分析各种信息数据，适时进行运行控制调节。

（九）软体集雨水窖新型材料应用

软体集雨水窖是采用一种高分子“合金”织物增强柔性复合材料制成的，具有抗撕裂、抗拉伸强度高，牢度好，阻燃、耐酸碱盐稳定性高，高温不软化、低温不硬脆，耐候性强，对环境无污染，经济环保等优点。与传统集雨水窖（池）相比，具有强度高、寿命长、密封好、不渗漏、耐高温严寒、安装简便、经济环保等优点。

软体集雨水窖主要用于集雨及调节水量，以缓解北方缺水地区水资源紧缺状况，同时，还可作为小面积灌区的水量调节设施。软体集雨水窖的安装可参考全国农业技术推广服务中心节水处高效节水技术示范项目指导意见中的有关规定进行。

三、田间道路

高标准农田建设项目田间道路包括田间道（机耕路）和生产路，其中田间道按主要功能和使用特点分为田间主道和田间次道。田间道路设计应根据确定的道路等级、通行荷载、限行速度等指标进行计算设计。田间道路应尽量在原有基础上修建，应与第二次全国土地调查数据库或实施后的第三次全国国土调查数据库比对核实，尽量少占用耕地，不能形成新占基本农田。在当地村民需求强烈且确需建设混凝土路面的地方，允许建设适量混凝土路面，但田间道路建设的财政资金投入比例原则上以县为单位，不得超过财政总投入的40%。

（一）田间道路功能

田间主道指项目区内连接村庄与田块，供农业机械、农用物资和农产品运输通行的道路。田间次道指连接生产路与田间主道的道路。生产路指项目区内连接田块与田块、田块与田间道，为田间作业服务的道路。

（二）田间道路布置

（1）田间主道应充分利用项目区内地形地貌条件，从方便农业生产与生活、有利于机械化耕作和节省道路占地等方面综合考虑，因地制宜，改善项目区内的交通和生产生活环境。

（2）田间主道、田间次道宜沿斗渠（沟）一侧布置，路面高程不低于堤顶高程。

（3）田间道路布置应满足农田林网建设的要求。

（4）项目区内各级道路应做好内外衔接，统一协调规划，使各级田间道路形成系统网络。

（5）对于丘陵山地区，田间道路布置还应尽量依地形、地貌变化，沿沟边或沟底布置，以减少新建田间道路的开挖或回填土方。

（6）平面设计的道路平曲线主要技术指标见表4–1。

表4–1　道路平曲线主要技术指标

指标	田间主道		田间次道	
	平原区	丘陵山地区	平原区	丘陵山地区
行车速度（千米/时）	40	20	30	15
一般最小圆曲线半径（米）	100	30	60	20

（三）生产路工程设计

（1）生产路宽度：应考虑通行小型农机具的要求，宽度宜为2～2.5米。

（2）生产路路基：可采用天然土路基。

（3）生产路路面：宜采用素土夯实，对一些有特殊要求的地方，可采用泥结石、碎石等。素土路面土质应具有一定的黏性和满足设计要求的强度，压实系数不宜低于0.95。采用泥结石面层时，厚度宜为8～15厘米，骨料强度不应低于30牛/毫米^2。

（4）生产路高度：应高出田面0.15米。

（5）生产路纵坡：与农田纵坡基本一致，生产路可不设路肩。

四、农田防护与生态环境保护

农田防护林与生态环境保护工程是指根据因害设防、因地制宜的原则，将一定宽度、结构、走向、间距的林带栽植在农田田块四周，通过林带对气流、温度、水分、土壤等环境因子的影响，来改善农田小气候，减轻和防御各种农业自然灾害，创造有利于农作物生长发育的环境，以保证农业生产稳产、高产，并能为人民生活提供多种效益的一种人工林。

（一）防护林类型

防护林按功能分为：农田防风林、梯田埂坎防护林、护路护沟（渠）

林、护岸林。其中，农田防风林应由主林带和副林带组成，必要时设置辅助林，无风害地区不宜设农田防风林。

（二）设计原则

农田防护与生态环境保护工程应因害设防，全面规划，综合治理，与田、沟、渠、路等工程相结合，统筹布设。

（三）技术措施

（1）对受风沙影响严重的区域，新建或完善防护林带（网）。

（2）对坡面较长、易造成水土流失的坡耕地及沟坝地、沟川地等，采取工程措施，包括修筑梯田或土埂，修建截流沟、排水沟、排洪渠、护地坝等，并增加集雨设施，引导并收集坡面径流进入蓄水池（井）；同时辅以生物措施，种植防护效益兼具经济效益好的灌木或草本植物，形成保持水土的良好植被。

（3）对盐渍化区域，完善林网建设，改善田间小气候，减少地面蒸发，减轻土壤返盐。

（四）树种选择

树种的选择要以农田防护为目的，适地适树，不得栽植高档名贵花木。应以乡土树种为主，适当引进外来优良树种，兼顾防护、用材、经济、美化和观赏等方面的要求，同时符合下列要求。

（1）主根应深，树冠应窄，树干通直，并应速生。

（2）抗逆性强。

（3）混交树种种间共生关系好、和谐稳定。

（4）与农作物协调共生关系好，不应有相同的病虫害或是其中间寄主。

（5）灌木树种应根系发达，保持水土、改良土壤能力强。

北方地区常用的优良防护树种，乔木及小乔木树种有：国槐、速生楸、白蜡、旱柳、椿树、银杏、柿树、刺槐、栾树、木槿、红叶李、女贞等；灌木树种有：紫穗槐、荆条、连翘、榆叶梅等。

（五）苗木质量及规格

苗木质量符合《主要造林树种苗木质量分级》（GB 6000—1999）规定的Ⅰ、Ⅱ级标准，其中乔木树种要求胸径6厘米以上，枝下高3米以上，全冠；小乔木树种要求地径5厘米以上，枝下高1米以上，全冠。

（六）栽植模式

应采用两个及以上树种混交栽植，纯林比例不应超过70%，单一主栽树种株数或面积不应超过70%。林带的株行距应满足所选树种生物学特性及防风要求。梯田埂坎防护林树种宜选择灌木树种。护路护沟（渠）林宜栽植于路和斗沟（渠）两侧，单侧栽植时宜栽植在沟、渠、路的南侧或西侧，树种宜乔、灌结合。丘陵区沟头、沟尾宜营造乔、灌、草结合的防护林带。

（七）主要指标

一般受防护的农田面积占建设区面积的比例不低于90%，农田防护林网面积达到3%～8%。所造林网中的林木当年成活率要达到95%以上，三年后保存率要达到90%以上。

五、农田输配电工程及科技服务

（一）农田输配电工程

1. 概念

农田输配电工程指为泵站、机井以及信息化工程等提供电力保障所需的强电、弱电等各种设施，包括输电线路、变配电装置等。其布设应与田间道路、灌溉与排水等工程相结合，符合电力系统安装与运行相关标准，保证用电质量和安全。

2. 基本要求

农田输配电工程应满足农业生产用电需求，并应与当地电网建设规划相协调。

农田输配电线路宜采用10千伏及以下电压等级，包括10 kV、1 kV、380 V和220 V，应设立相应标识。

农田输配电线路宜采用架空绝缘导线，其技术性能应符合《额定电压10 kV架空绝缘电缆》（GB/T 14049—2008）、《额定电压1 kV及以下架空绝缘电缆》（GB/T 12527—2008）等规定。

农田输配电设备接地方式宜采用保护接地（TT）系统，对安全有特殊要求的宜采用中性点不接地（IT）系统。

应根据输送容量、供电半径选择输配电线路导线截面和输送方式，合理布设配电室，提高输配电效率。配电室设计应执行《20 kV及以下变电所设计规范》（GB 50053—2013）有关规定，并应采取防潮、防鼠虫害等措施，保证运行安全。

输配电线路的线间距应在保障安全的前提下，结合运行经验确定；塔杆宜采用钢筋混凝土杆，应在塔杆上标明线路的名称、代号、塔杆号和警示标识等；塔基宜选用钢筋混凝土或混凝土基础。

农田输配电线路导线截面应根据用电负荷计算，并结合地区配电网发展规划确定。

架空输配电导线对地距离应按《10 kV及以下架空配电线路设计规范》（DL/T 5220—2021）规定执行。需埋地敷设的电缆，电缆上应铺设保护层，敷设深度应大于0.7米。导线对地距离和埋地电缆敷设深度均应充分考虑机械化作业要求。

变配电装置应采用适合的变台、变压器、配电箱（屏）、断路器、互感器、起动器、避雷器、接地装置等相关设施。

变配电设施宜采用地上变台或杆上变台，应设置警示标识。变压器外壳距地面建筑物的净距离应大于0.8米；变压器装设在杆上时，无遮拦导电部分距地面应大于3.5米。变压器的绝缘子最低瓷裙距地面高度小于2.5米时，应设置固定围栏，其高度应大于1.5米。

接地装置的地下部分埋深应大于0.7米，且不应影响机械化作业。

根据高标准农田建设现代化、信息化的建设和管理要求，可合理布设弱电工程。弱电工程的安装运行应符合相关标准要求。

（二）科技服务

高标准农田建设科技服务主要是提高农业科技服务能力，配置定位监测设备，建立耕地质量监测、土壤墒情监测和虫情监测站（点），加强灌溉试验站网建设，开展农业科技示范，大力推进良种良法、水肥一体化和科学施肥等农业科技应用，加快新型农机装备的示范推广。

1. 高标准农田土壤墒情自动监测网络

为了加大高标准农田建设区域土壤墒情监测力度，建立健全墒情监测网络体系，提升监测效率，提高墒情监测服务能力，以乡镇为单位安装墒情自动监测系统。每套系统包括1台固定式土壤墒情自动监测站和4个管式土壤墒情自动监测仪，监测信息可自动上传至全国土壤墒情监测系统及省级土壤墒情监测系统。技术参数参考全国农业技术推广服务中心节水处旱作节水技术示范项目指导意见。

2. 耕地质量监测网点建设

按照农业农村部农田建设监管平台及高标准农田耕地质量调查监测评价工作有关规定，高标准农田建设项目区应在项目实施前后分别开展耕地质量监测评价，比较项目建设前后耕地质量变化情况，并达到预期效果和目标。布置建设耕地质量监测网点，原有耕地平川区每1 000亩、山地丘陵区每500亩设立1个点位；新增加的耕地每20亩设立1个点位。监测点位耕层每点位0～20厘米采集1个土壤样品。原有耕地经高标准农田项目建设后，耕地质量等级应较项目实施前有所提升；新增加耕地的耕地质量等级应不低于周边耕地。

项目验收前提交耕地质量等级评价报告，评价报告应包括项目基本情况、耕地质量等级评价过程与方法、评价结果及分析、建设前后耕地质量主要性状及等级变动情况、土壤培肥改良建议等章节，并附土壤检测报告、指标赋值情况和成果图件等。成果图件包括：监测点位分布图、高标准农田建设区耕地质量等级图（建设前、建设后），需附矢量化电子格式。

3. 物联网监控云平台（智慧农业平台）

物联网监控云平台是农业物联网的枢纽，它是用户与安装在田地中监测设备的桥梁。所有设备将数据发送至云平台，同时被云平台控制，云平台能保证所有数据与设备同步保存。支持用户通过手机、平板电脑或电脑等智能终端，随时查看和管控。通过密码保护账户安全，实现远程控制、数据自动汇总与可视化。

物联网监控云平台以县为单元，建设集中控制中心。

六、高标准农田工程的管护

高标准农田工程设施建后管护是指对田间道路、灌排设施、农田防护和生态环境保持工程、输配电工程、公示标牌、配套建筑物等工程设施进行管理、维修和养护，确保工程原设计功能运行正常。

2011年以来建成并上图入库的高标准农田项目，其工程设施应纳入管护范围。管护主要内容及标准如下。

（一）灌排工程、输配电工程管护

确保田间渠系工程、排水工程、输配水管道工程不堵塞；小型塘坝、水井、井房、泵站、田间蓄水池等小型水源工程正常使用，灌溉能力得到保障；输电线路、变配电设施、弱电设施等运行正常，无安全隐患。

（二）田间道路、农田防护工程管护

确保田间道路、机耕路完好，维持路面平整、路基完好，无杂草、无杂物，通行顺畅；农田防护和生态环境保持工程整体充分发挥作用，项目建设的农田防护林要定期修剪，适时浇水，缺额补栽，跌倒扶正。

（三）配套建筑物、标识设施管护

各灌排渠道、田间道路、输配电工程等相关配套设施完好，围栏和公示、警示标志完好无损，信息清晰。

（四）确保项目发挥效益

在管护范围内发现高标准农田撂荒现象的，应及时报告乡镇人民政府和市县农业农村主管部门。

第二节　盐碱地改良

盐碱地又称盐渍地，是土壤中含可溶性盐分过多的盐土和含代换性钠较多的碱土的统称。盐碱地对作物的危害包括土壤板结、肥力下降，不利于作物吸收养分、阻碍作物生长，还可能引起植物的生理干旱。因此，盐碱地的改良至关重要。盐碱地改良的方法主要包括农田水利工程、农业耕作、生物修复、应用盐碱地改良剂等。

一、建设农田水利工程

农田水利工程是盐碱地改良的基础，主要目的是通过合理的排水和灌溉系统来控制和管理土壤中的水分和盐分。

（一）排水措施

通过建立排水系统，如挖沟、修建渠道等，将土壤中的盐分随水排出，降低土壤盐分含量。以下是一些具体的步骤。

1. 挖掘排水沟

在盐碱地中，可以挖掘明沟或暗沟。明沟是露天的排水沟，而暗沟则是在地下挖掘的排水管道。这些排水沟可以帮助土壤中的盐分随水排出，从而降低土壤盐分含量。

2. 修建渠道

为了更好地排水，可以修建渠道网络，将排水沟与更大的河流或湖泊连接起来。这样，排水可以直接进入更大的水体，避免在土壤中滞留，防止盐分积累。

3. 排水系统的维护

排水系统需要定期维护，以确保其正常运行。需要定期清理排水沟和渠道，防止淤积和堵塞。同时，也需要检查渠道的漏水情况，并及时进行修补，以防止水分渗入地下、地下水上升，导致土壤盐碱化。

4. 控制地下水位

降低地下水位也是盐碱地改良的重要措施之一。可以通过增加地面植被、提高土壤有机质含量、加强土壤耕作等方式来控制地下水位的上升。此外，在盐碱地中，也可以通过打井的方式抽取地下水，降低地下水位。

需要注意的是，排水措施虽然可以降低土壤盐分含量，但在实施过程中需要注意以下3点。一是排水沟和渠道的设计应合理，避免在土壤中留有死角，导致水分滞留，引起盐分积累；二是在实施排水措施的同时，也需要合理安排灌溉，以保证土壤中的水分平衡；三是排水措施不应过度抽取地下水，以免引起地下水位过低，导致土壤盐碱化加重。

（二）喷灌洗盐

通过模拟人工降雨的方式，将含有盐分的水喷洒到土壤表面，使土壤中的盐分溶解在水中，随水流入排水系统，达到改良盐碱地的目的。以下是一些具体的步骤和建议。

1. 喷洒含有盐分的水

可以使用含有一定盐分的水，通过模拟人工降雨的方式，将其喷洒到土壤表面。这样可以让土壤中的盐分溶解在水中，同时又不会对环境造成太大的影响。

2. 控制喷洒量

喷洒的水量应该适量，避免过度喷洒导致土壤过度潮湿，反而加重盐碱化问题。同时，喷洒的水质要干净，不能含有太多的杂质和污染物，以免对土壤造成进一步的损害。

3. 增加水分的渗透性

在喷洒含有盐分的水之后，可以使用一些增加水分渗透性的方法，如使用有机肥料、生物菌肥等，促进水分更好地渗透到土壤深层中，减少水分在土壤表层的滞留时间，避免盐分在表层积累。

4. 排水处理

在喷洒含有盐分的水之后，需要建立排水系统，将溶解了盐分的水及时排出。可以通过挖沟、修建渠道等方式来实现。排水系统需要定期维护，确保其畅通无阻。

（三）放淤压盐

通过向盐碱地中添加适量的泥沙，可以改善土壤质地，提高土壤的渗透性能，同时利用泥沙的吸附作用，将土壤中的盐分吸附在其表面，使其不易在土壤中移动。以下是一些关于利用泥沙改良盐碱地的要点。

1. 选择泥沙材料

用于改良盐碱地的泥沙应该是具有较好吸附性能和渗透性能的细沙或粉沙。这些泥沙能够有效地吸附土壤中的盐分，同时提高土壤的渗透性能，使水分和养分能够更好地渗透到土壤深层。

2. 控制添加量

添加适量的泥沙可以提高盐碱地的质量，但添加量过多会导致土壤过于黏重，反而影响植物的生长。因此，在添加泥沙时，需要控制添加量，根据实际情况进行调整。

3. 混合均匀

在添加泥沙时，需要将其与表层土壤混合均匀，避免在土壤中形成团块，影响土壤的渗透性能。同时，在混合过程中，也可以适当加入一些有机肥料或生物菌肥等，增加土壤的有机质含量，改善土壤的理化性质。

4. 排水处理

在添加泥沙后，需要建立排水系统，将溶解了盐分的水及时排出。可以通过挖沟、修建渠道等方式来实现。排水系统需要定期维护，确保其畅通无阻。

二、农业耕作

农业耕作是通过耕作、灌溉和施肥等农业措施，改良盐碱地的一种方法。

（一）平整土地

在盐碱地中，土地往往高低不平，容易积水。通过平整土地，可以减少土壤中的水分蒸发，避免盐分在土壤表层积累。平整土地还可以增加土壤的透气性和渗透性，促进水分和养分的吸收。

在平整土地时，需要注意控制田面高度，使田面高度适宜，既能够防止积水，又能够保持土壤的水分平衡。在盐碱地中，田面高度一般控制在0.2～0.5米，具体高度需要根据实际情况来确定。

（二）深翻抑盐

在盐碱地中，表层土壤往往板结、透气性差，深层土壤含盐量较高。通过深翻土地，可以将表层土壤和深层土壤混合均匀，打破土壤结构，增加土壤的透气性和渗透性。深翻土地可以将表层土壤中的盐分翻入深层，降低土壤表层的盐分含量。同时，深层土壤中的水分和养分也可以通过深翻而进入表层土壤，提高土壤的肥力。深翻土地需要注意时机和深度。在盐碱地中，一般要求深翻30～40厘米，打破土层结构，将全盐含量较高的表层土壤翻到底层。同时，需要注意不要破坏土壤结构，避免造成新的土壤板结。

（三）培肥抑盐改土

通过增施有机肥料、合理使用化肥、科学灌溉等措施，可以增加土壤的有机质含量，改善土壤的结构，同时也能有效地抑制土壤中的盐分。以下是一些具体的措施。

1. 增施有机肥料

有机肥料含有丰富的有机质和微生物，可以增加土壤的有机质含量，改善土壤的结构，提高土壤的保水保肥能力和渗透性能。在盐碱地中，可以选择一些适合的有机肥料如腐熟的畜禽粪便、草木灰等，但是需要注意控制施肥量，避免过度施肥导致土壤过度肥沃。

2. 合理使用化肥

合理使用化肥可以提供植物所需的养分，促进植物的生长和发育。在盐碱地中，可以选择一些低盐性、高效性的化肥，如尿素、硫酸钾等，但是需要注意控制施肥量，避免过度施肥导致土壤过度肥沃。

3. 科学灌溉

科学灌溉可以改善土壤的水分状况，促进土壤中盐分的溶解和排出。在灌溉时，可以选择一些适当的灌溉方式如喷灌、滴灌等，同时需要控制灌溉水量和灌溉次数，避免过度灌溉导致土壤过度潮湿，加重盐碱化问题。

（四）地表覆盖

地表覆盖措施是目前最常用的改良措施，地表覆盖切断了土壤水和大气之间的交流，可有效地抑制土壤水分蒸发，降低盐分在表层积累。其中覆盖材料、覆盖时间以及覆盖量等对土壤水热盐动态有显著的影响，地膜覆盖可使土壤水蒸气回流，并对表层盐分具有有效的淋洗作用，随覆盖时间延长，土壤表层脱盐效率有增大趋势，在干旱地区以及春季干旱季节，提早覆膜有利于抑制土壤表层盐分积累；此外，秸秆覆盖对土壤盐分也具有较好的抑制作用，同时，还增加土壤有机质，提高土壤肥力，对调节土壤水盐状况有重要作用；其他的覆盖物也被利用于盐碱地改良，如水泥硬壳覆盖和沙石覆盖等，它们对减少土壤无效蒸发，调节盐分在土体中的分布，促进春播作物出苗等方面皆有一定作用。

三、生物修复

生物修复是一种新兴的盐碱地改良方法。通过引种、筛选和种植耐盐植物，将土壤中的盐分分解和转化，从而降低土壤中的盐分含量。这种方法具有环保、可持续等优点，值得进一步推广和应用。

（一）直接利用盐生植物改良盐碱地

直接利用盐生植物改良盐碱地是一种应用较普遍的方法，通过利用耐盐植物的生态适应性和生理生化特性，可以促进土壤盐分的吸收和排出，从而降低土壤盐分含量，提高土壤质量。以下是一些常见的盐生植物及其在盐碱地改良中的应用。

1. 盐角草

盐角草是一种常见的耐盐碱植物，可以在高盐环境中生长，通过吸收土壤中的盐分来提高土壤质量。同时，盐角草还可以增加土壤中的有机质含量，改善土壤结构。

2. 盐蒿

盐蒿是一种常见的耐盐碱植物，具有良好的生态适应性和药用价值。通过种植盐蒿可以减少土壤中的盐分含量，改善土壤的理化性质。同时，盐蒿的枯枝落叶可以作为有机肥料提高土壤肥力。

3. 其他耐盐植物

除了盐角草和盐蒿，还有许多其他耐盐植物如滨海碱蓬、海滨锦葵、獐毛等都可以用于盐碱地改良。这些植物通过吸收土壤中的盐分来降低土壤的盐碱性，同时也可以增加土壤中的有机质含量，改善土壤结构。

（二）利用抗盐牧草改良盐碱地

我国抗盐碱牧草品种有140多种，可以大面积种植的禾本科牧草有14

种、豆科牧草有6种。牧草改良盐碱地不仅可以改土肥田促进农业可持续发展，还能够为禁牧提供饲草、建立盐碱地绿洲改善生态环境。以下是一些常见的抗盐牧草及其在盐碱地改良中的应用。

1. 朝牧一号稗子

朝牧一号稗子是一种优质抗旱、耐盐碱的牧草，可以在盐碱环境下生长，通过吸收土壤中的盐分来提高土壤质量。同时，它还可以增加土壤中的有机质含量，改善土壤结构，降低土壤盐害。

2. 紫花苜蓿

紫花苜蓿是一种多年生草本植物，具有很强的抗逆性，抗旱能力很强，但抗寒性较弱。它含有丰富的营养成分，每年都可以收获多次。在盐碱地中种植紫花苜蓿可以改善土壤环境，增加土壤有机质含量，提高土壤肥力，促进土壤水盐平衡。

在实际应用中，选择适合的抗盐牧草是改良盐碱地的关键。需要根据不同地区盐碱地的性质和特点，选择适合的抗盐牧草进行种植。同时，也需要结合其他农业措施，如土地平整、培肥抑盐改土等，综合治理盐碱地问题。此外，利用抗盐牧草改良盐碱地不仅可以提高土地的生产力，促进农牧业可持续发展，而且还可以保护生态环境，实现生态与经济的协调发展。

（三）利用耐盐碱灌木改良盐碱地

耐盐碱灌木如沙枣、胡杨等具有耐盐碱、耐旱、耐涝等特点，可以在盐碱地生长并帮助改良土壤。这些灌木可以通过吸收土壤中的盐分、增加土壤有机质含量、改善土壤结构等方式，降低土壤的盐碱含量，提高土壤质量。

耐盐碱灌木可以用来建立防护林网，降低地下水位，减少裸地蒸发，从而改良盐碱地。林网可以形成微气候，减少地表水分蒸发，防止风沙侵蚀，改善土壤的水分和养分状况。

（四）抗盐农作物改良盐碱地

世界各国在采用抗盐牧草等改良盐碱地的同时，还通过杂交育种、基因工程等生物技术手段选育与开发利用了大量的抗盐农作物品种。这些抗盐农作物品种在盐碱地中表现出良好的生长和适应性，可以在一定程度上降低土壤的盐碱含量，提高土壤质量。

例如，中国科学家通过杂交育种技术选育出的耐盐碱水稻品种“海水稻”，能够在较高盐度的土壤中正常生长。此外，其他国家如美国、日本和澳大利亚等也积极开展耐盐碱农作物品种的选育和改良工作，培育出了多种耐盐碱的作物品种，如耐盐碱棉花、耐盐碱油菜、耐盐碱甜菜等。

基因工程方法也被广泛应用于耐盐碱农作物品种的选育和改良。通过改变作物的基因组，增加其耐盐碱能力，进一步提高作物的产量和品质。例如，印度科学家利用基因工程技术培育出的耐盐碱转基因棉花品种，具有更高的耐盐碱能力和产量。

这些抗盐农作物的选育和改良，不仅有助于提高盐碱地的利用率，提高土壤质量，还有助于增加农作物的产量和多样性，促进农业可持续发展。

四、应用盐碱地改良剂

应用盐碱地改良剂是指通过施用一些酸性盐类物质来改良盐碱地的性质，降低土壤的酸碱度和含盐量，增强土壤中微生物和酶的活性，促进植物根系生长。

（一）盐碱地改良剂的主要作用机理

盐碱地改良剂的主要作用机理包括以下3个方面。

1. 含钙物质

石膏、磷石膏、石灰等含钙物质是常见的盐碱地改良剂之一。它们通过与土壤中的钠离子进行交换，降低土壤的盐碱性。这种交换作用可以降低土壤溶液中的钠离子浓度，从而减轻盐碱对植物生长的抑制作用。

2. 酸性物质

硫酸及其酸性盐类、磷酸及其酸性盐类等酸性物质也是盐碱地改良剂之一。它们通过中和土壤中的碱性物质，降低土壤的pH值，从而改善土壤的理化性质，减少盐分对植物生长的损害。

3. 有机类改良剂

有机类改良剂包括传统的腐殖质类（草炭、风化煤、绿肥、有机物料）、工业合成改良剂（如施地佳、聚马来酸酐和聚丙烯酸）和工农业废弃物等。这些有机类改良剂可以增加土壤的有机质含量，改善土壤的结构和物理性质，提高土壤的保水能力和通气性，从而促进植物的生长和发育。

在实际应用中，可以根据不同地区盐碱地的特点和需求，选择适合的盐碱地改良剂进行改良。同时，也需要结合其他农业措施，如土地平整、培肥抑盐改土等，综合治理盐碱地问题。

（二）盐碱地改良剂的施用

1. 施用量

一般以占干土重的百分率表示。若施用量过小、团粒形成量少，作用不大；施用量过大，则成本高，投资大，有时还会发生混凝土化现象。根据土壤和盐碱地改良剂性质选择适当的用量是非常重要的，聚电解质聚合物改良剂能有效地改良土壤物理性状的最低用量为10毫克/千克，适宜用量为100～2 000毫克/千克。

2. 施用方法

固态改良剂施入土壤后虽可吸水膨胀，但很难溶解进入土壤溶液，未进入土壤溶液的膨胀性改良剂几乎无改土效果。因此，以前使用较多的为水溶性盐碱地改良剂，并多采用喷施、灌施的技术方法。但对于大片沙漠和荒漠的绿化和改良，由于受水分等条件的限制，喷、灌施的技术则难以适用。

3. 施用时土壤湿度

以往普遍认为，适宜的湿度为田间最大持水量的70%～80%，最近，由于施用方法从固态施用到液态施用的改进，施用时对土壤湿度的要求与以前不同。研究证明，施用前要求把土壤耙细晒干，且土壤越干、越细，施用效果越好。

4. 两种或两种以上改良剂混合使用

低用量的高分子絮凝剂（PAM）和多聚糖混合使用，改良土壤的效果明显提高，两种盐碱地改良剂混合，具有明显的正交互作用。

5. 盐碱地改良剂同有机肥、化肥配合使用

增加土壤有机质能起到改良土壤物理性状、提高土壤养分含量的双重作用。

（三）盐碱地改良剂的注意事项

对于恶化的土壤，在治理时要采取短期加长期的措施，就短期恶化土壤改善而言，使用改良剂的效果是最快的。当前已经有许多盐碱地改良剂产品，然而农民在使用的时候，针对性往往不足，使用比较盲目。有时将恶化土壤的某项指标纠正到适宜以后却依然使用，结果出现了矫枉过正的局面。因此，在使用盐碱地改良剂时要有针对性。

1. 确定土壤已经出现了恶化的情况下才使用

在蔬菜等作物种植过程中，生长出现问题并不一定代表土壤已经恶化。了解和判断土壤是否有恶化的趋向或者已经恶化必须通过正规的检测部门对土壤进行检测。当检测结果为不适宜蔬菜等作物生长的时候，就应该使用相应的盐碱地改良剂进行适当的调理，将土壤各项指标恢复到正常的范围内。而当土壤已经明确表现出红白霜、板结的情况时，说明土壤恶化的问题已经很严重了，此时应立即使用盐碱地改良剂进行调整，比如使用土壤疏松产品、排盐调剂产品等。

2. 不能长期依赖使用，避免调节过度

盐碱地改良剂的主要作用是改良土壤的偏酸、偏碱、盐渍化以及板结状态，不能长期使用，否则会导致过度矫正而不利于作物生长。因此，盐碱地改良剂应根据不同的恶化情况使用不同的数量及次数。而对于市场上的一些以改良剂为主，添加了其他养分（如有益菌、海藻精、腐植酸等）的肥料可适当增加使用次数。尤其是以有益菌为主的产品，要配合有机肥料长期使用，才能够达到矫正并且保持的良好效果。

3. 正确使用盐碱地改良剂产品可快速改良恶化土壤

以土壤疏松及免深耕改良剂为例。它需要根据不同的土质类型来掌握正确的用量。对于土块板结、黏性大、水肥分布不均、耕作层较浅的土壤，每年使用两次，以后逐年减少用量直至不使用。在使用时一定要正确掌握用量，用量过低难以达到改良效果；用量过高或施用次数过多，则会造成浪费。水是土壤免耕剂的生物活性载体，如果土壤里没有充分湿润的水分，免耕剂的生物活性就不能激活。因此，使用土壤疏松及免深耕改良剂以后要保持土壤有一定的湿度。

第三节　农田水利设施建设

加强农田水利建设、推进农业节水是实施藏粮于地、藏粮于技战略的重要举措。我国多地大陆性季风气候明显，年降水量分配不均，水资源相对匮乏。在此情况下，要保障农业生产就必须建设农田水利设施，利用水利设施蓄水、灌溉，满足农业用水需求。

一、农田水利设施建设取得的成就

水是农业的命脉，但由于我国南北方在气候条件方面存在巨大差异，使得水资源存在严重的时空分配不均等问题，南方洪涝、北方旱灾的情况时有发生，对农业生产和农民生活都造成严重损失。水利工程建设能够运用现代物质技术装备弥补部分地区水土资源分配不均的问题。农田水利基础设施水平的提高，一方面能够改善粮食生产条件，从而提高农业生产效率、保证农业增产增收；另一方面，与其配套发展和推广的节水灌溉技术能够提高水土资源的利用效率、缓解水资源供需矛盾。

“十三五”期间，我国农田水利建设取得长足进步。首先，共完成329处大型灌区、52处中型灌区的节水改造工程建设；累计新增和恢复有效灌溉面积670多万亩，改善灌溉面积9 000多万亩，新增粮食生产近500万吨，新增节水能力近100亿米^3。其次，每年发展高效节水灌溉2 000万亩以上，截至2020年年底，全国高效节水灌溉面积达到3.5亿亩。最后，在全国各地推进农业水价综合改革，2018—2020年累计安排45亿元水利发展资金支持探索建立农业用水精准补贴和节水奖励机制；截至2020年年底，全国累计实施农业水价综合改革面积4.3亿亩，其中2020年新增1.3亿亩以上。

“十四五”时期，我国农田水利建设的行动目标是：新增高效节水灌溉面积0.6亿亩；将农田灌溉水有效利用系数提高至0.58；万亩以上灌区的灌溉面积达到5.14亿亩；基本完成农业水价综合改革任务。

二、农田水利设施建设存在的不足

（一）建设主体单一

农田水利设施建设主要由政府主导进行，政府投入占比最大，民间企业以及农民投入占比较小。政府投入给农田水利设施建设的资金规模非常大，为各地农业经济的发展提供了非常重要的保障。政府投资虽然稳定，但如果单靠政府投资，民间投资力度长期得不到提升，也会导致农村农田水利设施的建设与发展受阻，进而造成农业经济发展滞后，农民生活水平得不到提高。

（二）建设与管理职责有待统一

农田水利设施具有公共属性，从理论上来说，政府可以为农民提供免费的建设与管理服务。目前政府积极履行自身职责与义务，不断加大对各地农田水利的投入。但在政府积极履行职责的同时也出现了一些新问题。如中央政府与地方政府的权责划分有些许的不清晰，关于水井、小型水库、蓄水池等小型农田水利设施管理权限划分也比较混乱，影响了农田水利的建设与使用。当水利工程管理权责界定不明确、主体责任不清晰时，运维管理就容易出现无人负责的情况，水利工程便得不到有效管理与充分利用。

（三）建设体制机制不健全

农田水利设施建设机制与体制在设计上不够合理，还存有较多的缺陷。如在农业税改革后，地方政府的职权下放到村社集体中，村社集体就有了管理农田水利设施的责任。但是村社集体在资金、人力以及技术等方面比较有限，导致农田水利设施得不到有效维护与管理。在一些地区，政府管理体制不健全，农民参与热情较低，也对农田水利设施的顺利建设造成了阻碍。

（四）监督机制不完善

农田水利设施的建设与管理工作需要接受各方面的监督，只有积极接受监督，才能让水利设施建设中存在的问题得到及时发现与解决。但经调查发现，当前农田水利设施建设监督机制还不健全，监督机制的功能作用未能得到充分发挥。水利设施建设监督机制的不健全主要体现在以下几方面：一是监督主体单一，广大农民未参与到监督工作中；二是部分农民参与监督工作的热情不高；三是农田水利设施建设监督渠道比较单一，公众缺少参与监督的机会；四是一些地区的农田水利设施建设资金流流向不明确，政府或村委会没有使村民充分了解水利设施建设资金的来源、用途、流向等，因而无法使村民对政府或村委会的作为进行监督。

（五）农户参与建设管理的积极性不高

农田水利设施建设，农户是最直接的受益者。因此，农户必须高度重视农田水利设施建设，并积极参与到农田水利设施的建设与管理，使农田水利设施充分发挥作用。但经调查发现，部分农户由于受教育程度低或其他原因，对农田水利设施建设工作不关心、不重视，不认为农田水利设施建设与自身的利益密切相关，因此不会积极主动参与农田水利设施建设。

三、农田水利设施建设改进措施

（一）充分发挥政府的主导作用

农田水利工程是民生工程，在民生工程的建设与管理问题上，政府必须充分发挥自身主导作用，利用自身的宏观调控能力推动农田水利设施建设更好更快地进行。具体来说，在农田水利设施建设过程中，政府要树立正确的政绩观，对一些部门的缺位行为做出管控与处理，为农田水利设施的建设与使用提供保障。在农田水利设施建设过程中，要树立服务意识，真正从发展农村经济、改善农民生活出发，对农田水利设施进行规划与建设，为当地的农业发展提供更好的保障。除了增强服务意识、提高服务能力，政府还需加强与民众的沟通联系，与农民建立双向的沟通机制，深入了解农民的需求，了解农民对农田水利设施建设的看法，并采纳农民的合理建议。通过这些举措增强农民对政府的信任，改善与农民的关系，同时也调动农民参与农田水利设施建设及管理的积极性与主动性。

（二）吸引更多的社会资源

一是政府发挥自身的影响力、号召力，吸引更多企业、个人、农民等加大对农田水利设施的投入，为农田水利设施的建设与使用提供更好的保障。政府可根据具体的建设需求开设多条融资渠道，吸引更多社会投资，既能减轻政府与农户的负担，也能让农田水利设施建设资金更加稳定充足。

二是相关部门要严格建立与执行工程产权制度，明确工程产权，解决因产权混乱而引起的管理混乱问题。

三是构建工程承包经营管理模式，将工程管理责任具体落实到个人，从根本上解决相互推诿责任或无人担责的问题。在对农村水利工程权责进行明确时，可按照工程造价与灌溉能力确定承包者，或者是以公开竞价招标等方式对水利工程的收益权、使用权及经营权进行确定，有效解决权责混乱问题。为了使工程运维管理工作能得到有效落实，相关部门可通过公开竞价招标将农村水利工程设施管理责任承包给农户，由承包者按照承包合同中规定的各项标准与要求落实各项管理责任，使水利工程得到有效的管理与维护。

（三）鼓励农户积极参与

农民是农田水利设施建设的重要参与对象，要充分调动农民的参与热情，按照“谁受益、谁管理”的原则认真落实各项管理工作，确保水利工程设施发挥出最大的效益。相关部门可组织农民群众组成用水户协会，为农民参与水利工程管理提供渠道与平台，给予农民一定的管理自主权与工程使用权，使农民群众能按照实际情况比较自由地安排水利工程设施维护时间与利用计划，使水利工程设施更好地为农业农村发展服务。

（四）引进先进的配套设备

为了进一步提高农田水利设施建设质量，需要结合具体的情况，积极引进现代化的硬件设备，加快原有老化设备的更换速度，提高整体农田水利工程建设效果，满足当地越来越高的农田水利灌溉需求，推动农业高质量发展。要结合具体需求加大设备投入，开展多样化的资金引入渠道，为我国农田水利工程设施的高速发展奠定良好的基础。同时，加大宣传力度，帮助当地农民树立正确的使用意识，减少对农田水利设施的损坏，强化节水灌溉和设备养护知识的宣传力度。邀请专业人员进行现场指导，保障节水灌溉知识和技术的熟练应用和推广，加强农田水利工程的高质量应用，充分发挥其功能，满足农作物正常生长的水资源需求，推动农业高质量发展。

（五）完善管理制度建设

农田水利工程建设过程中要明确农田水利工程管理权和所有权，推进农田水利工程产权改革，加强水利工程建设质量管理，保障各项建设任务的贯彻执行，全面提升农田水利设施建设效果。完善责任制，对农田水利工程的用水责任以及管理责任进行明确划分，并落实具体人员或者集体，强化其对水利工程的管理意识，凸显人民群众在水利工程建设管理中的主体地位，把水利工程的建设管理与其切身利益相挂钩，提高其参与建设管理的积极性与主动性，提升农田水利工程设施建设的综合效益。结合当地的具体情况，制定科学合理的补贴机制，尤其要对农田水利设施的建设、管理、维护保养等进行补贴，为其安全稳定运行提供充足的资金支持；加强宣传教育，提高人们的参与意识和法律意识，认识到破坏农田水利设施是违法行为，从而减少人为因素引起的设备故障问题，延长其使用寿命，实现农田水利设施的高效运行。同时，加大节水宣传力度，使人们意识到节约用水的重要性和迫切性，从而提高节水灌溉技术的应用效率，提升农业灌溉中的水资源利用率，减少水资源浪费，推动农业高质量发展。

（六）加强设备维护管理

对农田水利设施进行优化管理和维护，是延长农田水利工程使用寿命的关键举措。在具体使用中要明确农田水利设施建设存在的潜在风险因素和薄弱环节，制定科学合理、针对性的应对措施，以便对水利设施存在的问题进行有效解决，保障其在使用中的安全稳定运行，减少设施故障发生概率。同时，结合当地的施工环境条件、管理问题等进行综合考量，优化农田水利设施使用规划，加强定期维护管理，安排专业人员对其进行定期检测，及时发现潜在的问题并解决，尤其要对水下、地下设备进行针对性检测，保障其正常的使用性能，及时消除安全隐患，以便最大限度地发挥农田水利设施的应用功能，延长其使用寿命，为农田水利工程的稳定运行奠定基础，推动农业高质高产发展。

（七）加强专业化人才培养

现阶段很多小型农田水利设施建设往往由当地的农民或者小型工程队担任施工作业，由于其专业知识素养不足，难以按照相关规范进行标准化设计施工，影响农田水利设施的施工质量和效果。基于此，要结合实际需求，完善农田水利设施建设方案，加大专业化人才培养，对现有的施工人员定期进行专业化的教育培训，使其对农田水利设施的建设知识进行系统化认知和掌握，强化其综合专业素养，保障农田水利设施的优化建设；注重对最新技术、设备、知识等的教育培训，与时俱进，满足当前越来越高的农田灌溉需求，推动我国农田水利设施建设高质量发展。同时，积极鼓励专业化人才形成良好的自我学习和自我发展意识，主动学习最新知识，提升其整体素养能力，促进农田水利设施建设规范化、专业化、标准化发展。

第五章　强化农业科技支撑

第一节　农业科技与农业科技政策

一、农业科技的含义与特点

农业科技是指揭示农业生物生长、发育、繁殖和环境规律的知识体系及运用其原理而创造的物质手段和技巧的总称。农业科技产生于农业生产，又反过来推动农业生产的发展。可以说，农业生产每一阶段的进步都以科技发展作为前提。现代社会由传统农业向现代农业的转化，就体现为以高科技为主导的高能量、高物质投入代替经验型的简单体力劳动，以此促进农业生产水平的提高。

农业科技的研究和应用与其他领域的科技相比，有着独特的特点。

1. 综合性和关联性

农业生产既受自然条件的影响，又受社会经济环境的制约，这些因素的相互交织作用，反映在农业科技上，就表现为一定的综合性和关联性。农业科技成果是农业多学科、多部门综合发展的结晶。同时，农业科技的发展，又受制于国家经济状况、各地区、各部门发展水平以及自然条件等相关因素。

2. 区域性强

农业生产具有极强的地域依附性。不同的地域具有不同的自然条件和经济条件，生长着与周围环境相适应的不同类别、不同品种的农作物。农业科技的研究与应用，一定要从当地农业资源实际出发，选择、开发和推广有效的适用技术。

3. 周期长、季节性强

农业生产过程是生物再生产的过程，受生物生长发育规律的限制，具有周期长和季节性强的特点，所以农业科技从研究、试验到推广应用，需要经历较长的过程。因此农业科技应该努力做好农业科研长期规划，准确地选择重大科研项目。

4. 应用分散

农业生产规模受到土地经营规模的制约。我国实行家庭联产承包经营制，土地经营存在规模小、经营分散的特点，这在一定程度上削弱了科技成果转化为生产力的能力，也给农业科技推广工作带来了困难。农业经营与劳动的分散性，决定了对分散的农业劳动者进行技术培训、技术指导和咨询服务工作的重要性。

5. 保密性差

与其他科技成果相比，农业科技成果由于其试验范围广、周期长的特性，往往保密性较差，在中间试验以后便会泄密，使其难以在大范围内销售。如有的优良品种一经推广之后，农民就可以自繁自用，邻里亲朋之间相互交换，便迅速地扩散开来。农业技术的这种特点，意味着对农业技术的投入不能完全由市场来决定，政府要承担在技术市场上无利或微利的农业技术投资。

二、我国农业科技存在的问题

（一）农业科技创新布局不均衡

中国的农业科技创新在一些地区已经取得了显著的进展，特别是在一些经济发达地区，农业科技的应用已经相当广泛，农业生产效率和产品质量都有了大幅提升。然而，在一些欠发达地区，尤其是中西部地区，农业科技创新的推广和应用仍然存在较大的困难。这些地区的农业科技水平相对滞后，与先进地区的差距明显，这不仅影响了这些地区的农业生产效率和农产品的市场竞争力，也制约了全国范围内农业生产的整体效率和水平。为了解决这一问题，需要加大对欠发达地区农业科技创新的投入和支持，推动科技成果的转化和应用，提高这些地区的农业科技水平。

（二）种业振兴行动面临挑战

种业是国家农业安全的重要基石，优良的种子是提高农业生产效率和产品质量的关键。近年来，中国政府高度重视种业的发展，推出了一系列种业振兴的政策和措施。然而，在种业核心技术攻关方面，中国仍面临较大的困难。农作物品种的选育是一个长期而复杂的过程，需要大量的时间、精力和资金投入。当前，自主优良品种的研发进展不尽如人意，一些关键核心技术仍然受制于人。为了解决这一问题，需要加强种业基础研究，提升种子研发的自主创新能力，加大对种子研发的资金和政策支持，培养种业人才，推动种业科技的进步和产业的发展。

（三）农机装备短板问题

农业机械化是提高农业生产效率、降低农民劳动强度的重要手段。然而，在中国的一些农村地区，农业生产力仍然低下，机械化水平不高，这严重限制了农业现代化水平的提升。一些地区的农机装备仍然比较落后，缺乏高效、智能、环保的农机产品，农业生产方式还比较传统和粗放。为了解决这一问题，需要加大对农机装备研发和推广的投入，推动农机装备的更新换代，提高农机装备的智能化和自动化水平。同时，还需要加强农机使用技术的培训和推广，提高农民的农机操作技能，促进农机装备的广泛应用。

（四）基层农技推广体系条件建设需加强

基层农技推广体系是连接农业科研成果和农民的重要桥梁，对于提高农民的科技水平和农业生产效率具有重要作用。然而，当前中国基层农技推广体系的条件建设仍然存在不足。一些地区的农技人员数量不足，技术水平参差不齐，给农民提供科技服务的能力有限。这不仅制约了农业技术的广泛应用和推广，也影响了农民的科技素质和农业生产的现代化水平。为了解决这一问题，需要加大对基层农技推广体系的投入，提高农技推广机构的设施条件和服务能力，加强农技人员的培训和教育，提高农技人员的业务水平和服务能力。同时，还需要创新农技推广的服务模式，利用现代信息技术，如互联网、移动通信等，提高农技推广的效率和扩大农技推广的覆盖面。

三、农业科技工作的指导方针

目前，农业科技工作的指导方针是：自主创新，加速转化，提升产业，率先跨越。

（一）自主创新

自主创新，就是通过原始创新、集成创新和引进消化吸收再创新，在事关国计民生的社会公益领域具备先进实用科技成果的持续供给能力，在农业科学前沿和高新技术领域拥有一批自主知识产权的核心技术，降低对外技术的依存度。

（二）加速转化

加速转化，就是通过改善农业科技成果中试熟化条件，培育新型农民，推进农科教企大联合和产学研用相结合，突破农业科技成果成熟不够、转化不力和转移不畅的瓶颈，大幅度提高农业科技成果转化为现实农业生产力的速度和水平。

（三）提升产业

提升产业，就是通过发挥科技的先导作用，着力培育具有比较优势的区域性农业支柱产业和主导产品，提高农产品生产科技含量和转化增值能力，提升农业产业发展规模和层次，壮大现代农业发展的产业基础。

（四）率先跨越

率先跨越，就是通过体系建设和机制创新，大幅度提高创新能力和效率，加快创新型农业建设，使农业科技整体实力率先进入世界前列。

四、农业科技政策

农业科技政策是指政府为了社会经济发展而确定和落实的关于农业科技发展、应用和保护的一系列战略、规划、纲要以及相关制度和规定。

（一）农业科技政策的目标

世界农业科技的发展和我国社会经济对农业提出的要求，都促使我国农业科技必须进行新的技术革命。为此，农业科技政策设计的总体目标应是：实施科教兴农战略，使农业科技率先跃居世界先进水平，依靠农业科技革命，促进农业产业革命。具体目标是：到2030年，力争关键农业技术领域达到世界领先水平，农业科技总体水平在世界中等农业发达国家中居领先地位，为中国人口高峰期的食物安全提供可靠的技术保障。农业科技总体水平达到或接近世界先进水平，科技在农业增长中的贡献率达到70%～80%。

（二）农业科技政策的任务

农业科技政策的任务主要是：为农产品增产，特别是为粮食安全提供可靠的技术保障；为调整农业结构，增加农民收入提供强有力的技术保障；为生态环境建设提供全面的技术服务；为提高我国农业国际竞争力提供坚实的技术支持。

第二节　提升农业科技创新与成果转化应用能力

一、提升农业科技创新水平

培育符合现代农业发展要求的创新主体，建立健全各类创新主体协调互动和创新要素高效配置的国家农业科技创新体系。强化农业基础研究，实现前瞻性基础研究和原创性重大成果突破。加快关键核心技术研发。深化农业科技体制改革，改进科研项目评审、人才评价和机构评估工作，建立差别化的评价制度。深入实施现代种业提升工程，开展良种重大科研联合攻关，培育具有国际竞争力的种业龙头企业，推动建设种业科技强国。

（一）完善国家农业科技创新体系

进一步明确农业科技创新活动中企业、科研院所、高校、社会组织等各类创新主体的功能定位。培育创新型农业企业，更好地发挥企业作为技术创新决策、研发投入、科研组织和成果转化的主体作用。培育和建设世界一流的农业大学和科研院所，充分发挥高等学校和科研院所作为基础知识创新和科技创新人才培养的主体作用。充分发挥各类社会组织在科技普及、推广服务、教育等方面的作用，促进科技与经济紧密结合。适应农业科技公共性、基础性、社会性的特点，加快构建符合农业科技发展规律、结构完整、创新高效、功能完善、运行顺畅的国家现代农业科技创新体系，形成创新驱动发展的实践载体、制度安排和环境保障。

（二）加强基础前沿技术研究

面向世界科学前沿、国家农业重大需求和未来科技发展趋势，针对事关国计民生和产业核心竞争力的重大战略任务，围绕农作物高效育种、有害生物长效绿色防控、农业资源高效利用、农产品质量安全控制、主要畜禽全基因组选择育种技术、农业合成生物技术、农业大数据整合技术、农业纳米技术、农业人工智能技术、智能装备研制等创新能力带动作用强，研究基础和人才储备较好的战略性、前瞻性重大科学和前沿技术问题，强化以原始创新和系统布局为特点的大科学研究组织模式，部署基础研究重点方向，实现重大科学突破，抢占世界科学发展制高点。

（三）加快关键核心技术研发

大宗农产品方面。重点是按照节本增效、优质安全、绿色发展要求，选育高产高效优质、适宜机械化作业、资源高效利用的动植物水产新品种，研发主要农作物畜禽水产优质高产品种配套栽培养殖技术，研发土壤理化性状调控关键技术，研发农田养分均衡调控技术、水肥一体化技术与关键设备，研发水产高效生态健康生产技术，研发渔业生物资源高值化利用技术，研发高效低毒低残留化学农药、生物农药和先进施药机械化技术，研发动物用抗菌药替代技术和产品以及中兽药制剂和精准用药技术，研发大宗农产品保鲜、储藏和运输工程化技术；开展新型非热加工、绿色节能干燥、高效分离提取、长效减菌包装和清洁生产技术升级与集成应用。名特优新产品方面。重点是按照改善产品品质、提高效益、保护产地生态的要求，选育风味独特、品质优良、商品性好、适于加工的特色农作物、畜禽、水产新品种，研发配套高效、环保的轻简化栽培技术和设备，开发特色农产品高效干燥、储藏保鲜等初加工工艺和设备，开展传统食品工业化关键技术研究，研发传统加工食品高效加工工艺、储运技术和设备。

（四）激活机制

推进科研机构和科技人员分类评价机制改革，核心是把科技与产业的关联度、科技自身的创新度、科技对产业的贡献度作为评价标准。完善协同创新机制，做强国家农业科技创新联盟，着力解决农业基础性、区域性和行业性重大关键问题。探索科技与人才、金融、资本等要素资源结合新机制，推进建设现代农业产业科技创新中心，打造区域农业经济增长极。

（五）加快种业自主创新

以主要农作物、经济作物、农业动物、林木花草、微生物等面临国际种业竞争压力的主要动植物种业为重点，聚焦种业产业链协同创新发展的瓶颈问题，发挥企业技术创新主体作用，重点在种质资源收集保存和评价、种子质量安全评价、育种技术创新、品种（系）创制、高效繁殖（育）和质量检测等关键核心技术方面取得突破，推进规模化育种技术集成应用，培育具有自主知识产权的重大新品种，发展绿色种业，构建市场主导、企业主体、科技支撑的产学研一体化种业创新体制，培育具有全球影响力的种业企业，从源头上保障国家食物安全。

二、夯实农业科技创新物质基础

（一）优化布局农业科技创新平台基地

着眼于提高自主创新能力，加强统筹部署、优化布局国家农业科技创新基地与平台，新建一批产业技术创新战略联盟，加快推进国家现代农业产业科技创新中心和区域农业科技创新中心建设；支持农业优势企业建立高水平研发机构，强化企业技术创新主体地位。加强国家农业科技创新基地与平台建设。着眼于提高自主创新能力，加强统筹部署、优化布局，新建一批产业技术创新战略联盟，进一步优化和夯实现有平台基地建设；着眼于提升企业创新主体地位，支持农业高新技术企业建立高水平研发机构；打造现代农业产业科技创新中心。构建“政府引导、市场运作、协同开放、投资多元、成果共享”的政产学研用协同创新综合体，促进科技经济深度融合，支撑和引领产业升级；设立区域农业创新中心（实验站）。围绕关系国计民生的优势主产区大宗农产品，选择优势单位，建设国家大宗农产品产业创新中心，依托优势地区省级专门研究机构，设立综合实验站；围绕事关人类生产生活健康以及制约可持续发展的区域发展问题，建立部省、省级互动的区域农业发展创新中心；完善农业科技资源开放共享与服务平台。充分发挥国家重大科研基础设施、大型科学装置和科研设施、野外科学观测试验台站等重要公共科技资源优势，推动面向科技界开放共享；整合和完善科技资源共享服务平台，形成涵盖科研仪器、科研设施、科学数据、科技文献、实验材料等的科技资源共享服务平台体系。

（二）培育壮大农业科技创新人才队伍

深入实施人才优先发展战略，努力培养造就规模宏大、素质优良、结构合理的农业科技创新人才队伍。在农业优势领域突出培养一批世界一流科学家、科技领军人物，重视培养一批优秀青年科学家，增强科技创新人才后备力量；重点培养一批交叉学科创新团队，促进重大成果产出；支持培养农业科技企业创新领军人才，提升企业发展能力和竞争力。以“三区”人才支持计划科技人员专项计划为抓手，发挥科技特派员作用，加强对经济欠发达地区返乡农民工、大学生村官、乡土人才、科技示范户的培训，培养一批懂技术、会经营、善管理的致富带头人和新型职业农民。鼓励高等学校、科研院所和省市科技管理部门向经济欠发达地区选派优秀干部和科技人才挂职，择优接收经济欠发达地区优秀年轻干部到国家部委学习锻炼。

（三）加强农业科技基础性工作

深入开展重点农业科技资源调查，组织开展区域性、全国性科学考察与调查，加强农林动植物及微生物种质资源收集、保存与保护，数据分析与评价，外来生物入侵检测监测与风险控制等，构建农业科技基础数据库、标本库、资源库，建立科技资源信息公开制度，完善科学数据汇交和共享机制。加强农业气候资源开发利用服务平台建设，开展新一轮农业气候规划研究，为农业结构调整、提质增效提供科学依据和气象服务保障。建立统一的国家农业科技管理信息系统，实行农业科技计划全流程痕迹管理。全面实行国家农业科技报告制度，完善信用管理制度，推进国家农业科技创新调查制度建设，建立技术预测长效机制，进一步完善科技统计制度，建立和完善农业科技创新统计、监测、分析、评估、报告系统和制度体系。

三、加快农业科技成果转化应用

鼓励高校、科研院所建立一批专业化的技术转移机构，实现科技成果市场价值。健全省、市、县三级科技成果转化工作网络，支持地方大力发展技术交易市场。加强集成应用和示范推广。健全基层农业技术推广体系，创新公益性农技推广服务方式，加强农业重大技术协同推广。健全农业科技领域分配政策，落实科研成果转化及农业科技创新激励相关政策。

（一）提升成果转化的专业化水平

依托高校、科研院所和骨干企业建立农业科技成果转移机构，培养懂技术、懂市场和商务谈判技能的技术转移专业团队，大力发展农业科技成果转化服务体系，推动市场调查、法律咨询、知识产权交易等机构参与，并提供全方位、专业化的服务支撑。

（二）建立科技成果供给与需求有效对接机制

支持地方大力组织开展农业科技成果发布会、网上展示、成果推介、成果路演等线上线下结合的技术交易方式，搭建多种形式的宣传展示平台，加快农业科技成果供需双方精准对接。

（三）加强集成应用和示范推广

坚持市场需求和产业问题导向，着力加强重大科技成果的集成熟化、示范推广和转化应用，重点转化一批经济性状突出、发展潜力大的粮棉油等重大新品种，在适宜地区推广一批蔬菜、果树、烟草、茶叶以及畜禽水产等重要新品种；转化一批技术含量高、市场前景好的新肥料、新兽药、新疫苗、新农药以及农业机械等重大新产品（装备），推广一批绿色高效的重要农作物畜禽水产种植养殖、重大病虫害绿色防控、畜禽水产重大疫病防治、农机农艺结合、农产品加工和流通、水土资源节约高效利用、农业废弃物收储与高值利用、投入品减量高效施用等关键技术和模式，强有力支撑农业产业提质增效和农民持续增收。

（四）构建加速科技成果转化应用的服务体系

健全“一主多元”农业技术推广体系，改革和完善公益性农技推广体系，建立科学规范的运行管理和利益联结机制，推动农科教有效对接。壮大社会化创新创业服务主体，形成农业科技成果转化的强大合力。拓展服务领域，丰富服务内容，创新服务方式，提高科技成果服务供给水平。

（五）建立健全科技成果评估机制

建立健全科技成果评估机制，准确评价市场价值和应用前景，提高科技成果的供给质量和转化效率。建立以增加知识价值为导向的分配机制，让科技人员“名利双收”，激发科技人员面向市场的创新活力。以兼职取酬、股权期权等多种形式，鼓励农业科研人员在企业和科研院校之间兼职兼薪、顺畅流动。

第三节　农业技术推广与服务体系建设

一、构建“一主多元”融合发展的农技推广新格局

随着新型农业经营主体不断壮大，农技推广服务的需求更加多样化和个性化，应构建以公益性推广服务机构为主体、经营性服务为补充、高校科研院所积极参与的农技推广服务体系，加快促进公益性农技推广机构与经营性服务组织融合发展，分工协作，形成“一主多元”融合发展的农技推广新格局。

（一）发展壮大多元化的农技推广主体

建立科学、高效的政府公益性农技推广机构。科学合理设置省、市、

县、乡（镇）、村“五级联动”的农技推广公益性服务体系，主要从事基本农情信息监测、重大疫病防控、产品质量监管、农业生态环保等公共性、基础性问题。定期开展栽培技术、秸秆综合利用、黑土地保护等公益性技术培训服务职能。培育支持农业经营性服务组织开展农技推广活动，让农户得到产前、产中、产后全过程的技术服务。鼓励高校、科研院所积极参与农技推广服务，开展农业技术创新的信息整理与传递，充分利用农业院校和科研机构的科技人才、资源优势及相关的扶持政策开展项目合作。

（二）推动公益性农技推广机构与经营性服务组织融合发展

提供“科教专家—政府推广—校企合作”的技术创新、示范推广和人才培养于一体的科技服务平台，建立农技推广机构、相关科研院所、市场化服务组织、新型职业农民等广泛参与、分工协作的“农科教产学研”一体化的农技推广联盟，为农户、种植大户、家庭农场等新型经营主体提供多种形式的技术指导服务，提高农业生产科技化水平。

二、提高农技推广服务的成果普及率

由于农村空心化问题普遍存在，在家务农的多数是老人和妇女，他们的文化素质较低，导致农技推广的效果难以提升。农技推广涉及内容较广，关系到农户的切身利益和农业现代化发展。为此，应加快提升农户文化素质和技术水平，促进农技推广工作有效开展。

（一）增加接受培训的农户、家庭农场等新型经营主体

鼓励农业科研人员、农技推广人员通过下乡指导、技术培训、定向帮扶等方式向小农户示范推广农业适用性技术，支持农技推广人员与新型经营主体开展技术合作。借鉴河南、山东等省在农技推广中建立“专家+农技人员+科技示范户+辐射带动户”的技术服务模式，在实战中培育农技人才，健全基层农业科技试验、示范网络，带动周边农户提高生产技能，提高农技推广服务的成果普及率。

（二）丰富完善多样化的农技推广服务技术培训内容

丰富完善多样化的农技推广服务技术培训内容，加快适用性农技成果生成、转化为现实的农业生产力。围绕农业发展需求，在重点领域展开技术推广与应用，为农户提供农业产前、产中、产后的农技推广服务。为适应民众消费结构升级，加快开展在农产品多样性和质量品质提升、农业生态环保等

方面实用性技术推广。

三、提供农技推广服务的基础保障

为有效发挥农技推广体系在农业科研机构（科研人员）与农业生产经营组织（广大农户）之间的桥梁作用，打通农技推广服务的“最后一公里”问题，应积极优化要素环境、政策环境与设施环境，为农技成果研发、转化与普及提供基础保障。

（一）建立多元化的要素环境

要建立稳定的投入资金。充分发挥财政性科技资金的引导效应，引导社会、民间资金投向农业科技创新和推广服务，形成财政拨款、企业投入、社会集资、民间参股等“多元一体”的农技推广服务投入机制，用于公益性服务机构的人员待遇和设施配置、维修、更新与平台建设，以及农技研发与推广服务等费用。要积极引进与培养农技推广技术人员。可采取定向培养、集中办班、异地研修、网络培训等形式，提升农技推广人员的综合素质，将科技人员的实绩作为评定职称、职务晋升等考核的重要内容，实施农业科研杰出人才培养计划，为农技推广提供技术支撑。

（二）建立扶持型的政策环境

进一步健全农技推广服务政策，对体系建设、经费保障、农技推广组织工作等作出明确规定，为农技推广工作提供有力的政策保障。为支持农业经营性服务组织和高校、科研院所开展农技推广创新服务，激发科研人员的积极性与创造性，应制定农技推广建设的相关补贴政策。

（三）建立信息化的设施环境

目前，很多省已普遍建立起由省、市、县农技推广站（中心）、乡镇区域站等四级机构组成的农技推广体系，由于缺乏现代化信息设备，在推广的工作中仍然是靠技术人员的一张嘴，推广效果不佳。为扭转“网破”“线断”“人散”的尴尬局面，相关部门应适当拨付经费，改善办公条件和服务手段，配备化验室、培训室、图书室、陈列室、办公场所等基础设施。建立必要的信息设备，推进信息进村入户工程，充分利用农技推广信息网、“12316”、手机App、农技推广微信群等现代信息技术手段，开展农业技术推广服务，让农技推广服务插上信息化的翅膀，扩大农技推广工作覆盖面，并提高推广效率。

第六章　构建现代农业经营体系

第一节　现代农业经营体系的构成与特点

一、现代农业经营体系的构成

2024年中央一号文件提出，构建现代农业经营体系，以小农户为基础、新型农业经营主体为重点、社会化服务为支撑，加快打造适应现代农业发展的高素质生产经营队伍。现代农业经营体系主要包括小农户、新型农业经营主体和社会化服务。

（一）小农户

小农户是农业生产的基本单元，是农业经营体系的重要组成部分。在现代农业经营体系中，小农户不仅是生产的主体，也是农业现代化的重要推动力。通过提高小农户的科技水平和管理能力，可以有效地提升农业生产效率和产品质量。此外，小农户的灵活性和创新性也是推动农业多样化和特色化的关键因素。政府和相关部门需要通过政策扶持、技术培训、信息服务等手段，帮助小农户提升自身能力，更好地适应市场变化和消费需求。

（二）新型农业经营主体

新型农业经营主体包括家庭农场、农民合作社、农业企业等，它们是现代农业发展的主力军。这些新型主体通常具备更强的资金实力、更高的技术水平和更广泛的市场渠道，能够更好地整合资源，提高农业生产的规模化、标准化和集约化水平。通过发展新型农业经营主体，可以有效地推动农业产业结构的优化升级，增强农业的竞争力和可持续发展能力。

（三）社会化服务

社会化服务是现代农业经营体系的重要组成部分，它包括农业技术推广、市场信息服务、农业金融服务、农业保险服务等。这些服务为农业生产提供了强有力的支撑，帮助农户和新型农业经营主体解决生产过程中的各种问题，降低生产风险，提高生产效率。社会化服务的发展，有助于提升农业的整体服务水平，推动农业产业链的完善和价值链的提升。

二、现代农业经营体系的特点

现代农业经营体系的特点主要体现在以下4个方面。

（一）多元化经营主体

现代农业经营体系的多元化不仅表现在经营主体类型的多样化，也体现在经营规模和经营方式的多样性上。小规模农户作为传统的农业生产单位，仍然在农业生产中占有重要地位，他们灵活、熟悉本地环境，能够适应多变的市场需求。家庭农场和农民合作社则通过规模化经营和集体合作，提高了农业生产的效率和效益。农业企业，尤其是大型农业企业，通过引入现代企业管理制度和先进的生产技术，成为推动农业现代化的重要力量。这些经营主体之间的相互补充和协作，共同推动了农业生产力的提升和农业产业结构的优化。

（二）科技化和信息化

随着信息技术的飞速发展，农业生产方式正在经历着革命性的变化。智能化农业设备如植保无人机、智能灌溉系统等，正在逐步替代传统的人力和机械操作，极大地提高了农业生产的精准性和效率。精准农业技术通过卫星定位、遥感监测等手段，实现了对农作物生长状况的实时监控和精细管理。农业物联网技术将传感器、通信网络和数据处理平台相结合，实现了对农业生产全过程的智能控制和管理。大数据分析技术通过对海量农业生产数据的分析和挖掘，为农业生产决策提供科学依据。这些科技手段的应用，不仅提升了农业生产的智能化和精细化水平，也为农业可持续发展提供了强有力的技术支撑。

（三）规模化和集约化

规模化和集约化是现代农业经营体系追求的重要目标。规模化生产意味着通过扩大生产规模，实现农业生产的批量化和标准化，从而降低单位生产成本，提高整体经济效益。集约化生产则强调在有限的土地和其他资源上，通过提高资源利用效率和生产效率，实现更高的产出。这需要农业生产者运用先进的农业技术和管理方法，优化生产流程，提高土地、资金和技术的利用效率。规模化和集约化生产不仅能够提升农业生产的竞争力，还能够促进农业产业链的延伸和价值链的提升，带动农业相关产业的发展。

（四）服务化和专业化

随着农业市场化和现代化的推进，农业生产者对于专业化服务的需求日益增长。农业技术推广服务能够帮助农业生产者掌握和应用先进的农业技术和管理方法，提高生产效率和产品质量。市场信息服务能够帮助农业生产者及时了解市场动态，做出科学的生产和销售决策。农业金融服务和农业保险服务则为农业生产者提供了资金支持和风险保障，降低了经营风险，增强了抗风险能力。这些专业化服务的发展，不仅提高了农业生产的整体效率，也为农业生产者提供了更加广阔的发展空间。

三、我国现代农业经营体系的发展现状

经过多年发展，我国现代农业经营体系建设取得了成效，主体队伍不断壮大。到2023年年底，全国农民合作社、家庭农场分别超过222万个、400万个，农业社会化服务组织超过107万个，全国县级以上农业产业化龙头企业超过9万家，全国农村集体账面资产总额达到9.14万亿元。利益联结机制也愈发紧密，联农带农助农效益明显，涌现出“家庭农场+合作社+龙头企业+农户”“农业社会化服务组织+农户”等多种经营模式，以及“订单收购+分红”“农民入股+保底收益+按股分红”等多种利益联结方式，各农业生产经营主体联合合作、优势互补、利益共享的紧密联结机制初步形成。

有成效，也面临挑战。近年来，一些新型农业经营主体尤其是农民合作社管理不规范现象时有发生。政策性农业保险作为普惠性保险，补贴力度弱、理赔额度低、特色险种少，不能充分满足各类农业生产经营主体的高质量发展需求。一些农业社会化服务组织倾向于服务规模农户，在促进小农户和现代农业发展有机衔接上做得不足。

第二节　小农户经营

小农户是指农民个体经营，生产资料归个人所有，以个人劳动为基础，农民的劳动所得归他自己所有的一种经营形式。

一、小农户经营的优势和困难

（一）小农户经营的优势

我国小农户之所以存在并发展，很大程度上是因为小农户有其独特优势，在农业现代化过程中可以发挥特殊的作用。

第一，小农户是家庭经营的，属于自我雇用，与手工业的家庭作坊有类似之处，而不同于雇工经营的农业公司。这种生产方式与农业的生产特点相适应。农业是一个自然生长过程，生产时间长，且工作弹性很大，很难进行监管，因此需要劳动者高度的自觉性和主动性。家庭经营将收益和劳动的付出直接联系在一起，几乎不需要进行监管。

第二，家庭经营可以通过兼业来最大效率地利用劳动力。农业生产的季节性很强，有农忙和农闲之分，在农闲时期，农业劳动力可以外出季节性打工，或者从事家庭副业来补充农业收入的不足。农业劳动力可以灵活地在农业和非农业之间进行转换，特别是那些有手艺的农民，可以充分利用农闲时间，做手艺活增加收入，维持比较好的生活。雇工经营则不同，不管农闲或农忙，都要给雇工支付工资，这就大大增加了生产成本。一些农业公司经营亏损，除了投资过大和市场波动以外，不能充分利用劳动力和管理成本太高，也是其中重要的原因。

第三，小农户的土地面积有限，投入在土地上的劳动会比较多，土地产出效率往往比大规模粗放经营的农场要高。规模化经营往往是以减少单位土地产出为代价的，小农户经营则可以增加土地的生产效率，这在中国这样一个人多地少的国家，意义尤为重要。

第四，小农户为农业的多样性创造了条件。规模化的农场往往集中于单一作物的生产，从农业生态学来看，这种生产方式带来了许多问题。因为作物品种单一很容易诱发病虫害，为防治病虫害就会大量使用农药，造成食品安全问题。小农户的农业生产规模小，生产可以多样化，不同的农户和不同的地块都可以种植不同的作物，也可以饲养不同的牲畜，有利于保持农业生物多样性和生态环境的丰富性。

（二）小农户经营的困难

在工业化和城市化的背景下，小农户经营面临着许多新的困难。

1. 收益低

农业经营收益低，导致小农户从事农业生产的积极性不高。众所周知，在不同的社会发展阶段，社会经济发展的动能有所不同。从农业到工业再到服务业，农业渐渐被忽视。如今农业经济效益不断下滑，小农户依靠单纯的农业耕作收益越来越低，2011—2016年以来，农村人均可支配收入不断增加，但是每亩地净利润由250.76元下降到80.28元，纯利润降低132%，然而农村人均可支配收入却由2013年的9 429.59元增长到2016年的12 363.41元，增长31%，可见农民增收主要来自非农收入。随着物价上涨和子女教育投资的不断增加，可以说小农户从事传统的农业生产很难维持幸福生活。同时，进城务工的农民工在城市的收入可观而且可以脱离农村的生活环境，这使得留在农村的小农户心理上感觉自己的收益更低。

2. 进入市场困难

小农户的生产面临着进入市场的困难，这不仅因为小农户缺少进入市场的渠道，还因为小农户生产规模较小且缺少统一的标准和标识。大多数小农户的产品高度依赖中间商，中间商不仅会压低价格而且会将市场风险转嫁给小农户。工业化和城市化将就业机会越来越集中到城市，造成小农兼业的困难，小农户在家庭周边打工的机会在逐渐减少。此外，资本下乡也在挤压小农户生存空间，一些公司进入乡村以后，大量流转土地，实施规模化经营，使周边的小农户很难生存。

3. 适应新型市场关系

现在的市场关系是基于竞争而形成的，在这种市场关系中，小农往往处于不利的地位。现在正在形成一些新型的市场关系，如生产者和消费者的直接对接，地方性而非全国或全球的市场，以及基于熟人关系和相互信任而形成的交易关系等，这些都可以更有利于小农户的生产和发展。

二、小农户经营模式的创新

尽管目前小农户是我国重要农业生产经营形式，但农业现代化、机械化仍旧是大趋势。如果小农户不融入现代农业发展，乡村振兴目标就难以如期实现。因此，小农户必须转变落后思想观念，创新经营模式。

（一）托管服务模式

托管服务模式坚持“政府引导、部门支持、市场运作、农民自愿、企业自主”的原则，成立托管服务中心。这种模式下，土地耕地性质不变，土地的收益全部归农户。如果小农户的产品需要出售，有的合作社还会高于市场价予以回购，最大程度地保障小农户利益。同时，合作社还会与小农户签订托管服务合同，明确双方权利义务，并严格按照合同约定履行服务承诺。农民自愿选择合作社的服务，并根据实际服务情况，与合作社结算费用。

（二）“合作社＋农户”服务模式

“合作社+农户”服务模式主导是合作社，此模式特别适合产业单一的合作社，帮助合作社技术和品种引进或推广。通过“合作社+农户”的模式可以提高农户参与的积极性，并且帮助合作社做强做大。当小农户们聚在一起组建合作社，就形成拳头力量，规模面对市场，产品化销售农产品，规模化采购农资。

（三）“企业＋农户”服务模式

随着经济发展和科技进步，小农户经营规模进一步提高，“企业+农户”逐渐成为农业产业化经营的一个重要组织形式。“企业+农户”服务模式通常由企业提供产前、产中、产后全过程服务，以外部组织的规模收益，相对有效地克服了小农经营规模不经济的弊端，实现了龙头企业与农户间更紧密的联结机制，创新了现代农业经营方式。

（四）“协会＋农户”服务模式

“协会+农户”服务模式通常由生产企业牵头，为成员提供生产全过程技术服务。如今这种模式已经成为许多小农户致富的新法子。

（五）产学研服务模式

“产学研合作”一般是指高校、科研机构与产业界的合作。在农业方面，这种模式有科研院所为后盾，为农户提供先进的养殖技术、优良的品种、科学的管理方式，具有旺盛的发展潜能。

三、小农户和现代农业发展的衔接

在新时代实施乡村振兴战略背景下，充分发挥小农户的积极作用，实现小农户和现代农业发展的有机衔接，关键是要做好以下4个方面的工作。

（一）以发挥小农户主体作用为导向

我国农业发展、农村繁荣、农民富裕的关键在“人”，应充分发挥亿万农民主体作用和首创精神。

一是提升农民的身份认同。提高农民思想道德和科学文化素质，培育与社会主义核心价值观相契合、与社会主义新农村建设相适应的优良家风、文明乡风和新乡贤文化，充分挖掘具有农耕特点、民族特色、乡土特质的物质文化和非物质文化遗产，促进农民主体意识的觉醒、自我认同的建立。

二是加快培育新型职业农民。大力发展农村基础教育和职业教育，对农民开展各种形式的职业技能和知识的培训，培养和强化农民职业理想和信念，提高其生产经营能力、农业生产效率和增收能力，增强农民的自我积累和内生发展能力，培养一大批把农民作为一个职业象征的具有较强市场意识、懂经营、会管理、有技术的农村发展带头人、农村技能服务型人才、农村生产经营型人才等农村实用人才，从而吸引更多的人成长为新型职业农民。

（二）形成多种形式适度规模经营

当前和今后一个较长时期，小农户家庭经营仍将是我国农业的主要经营方式，但组织小农户形成多种形式适度规模经营，发展社会化大生产是现代农业的必然选择。培育发展家庭农场、农民合作社、各种类型的产业化经营组织以及多元化的农业生产性服务组织，其主要功能之一，就是组织带动众多小农户参与到现代农业发展的进程中。因此，一方面要鼓励引导小农户合作和联合，通过组建家庭农场联盟、农民合作社，鼓励农业产业化龙头企业和工商资本，特别是多种多样的农业生产性服务组织，带动小农户“生产得出来”“卖得出去”“卖得出好价钱”，解决小农户一家一户干不了、干不好的事情，提高现代农业的组织化程度；另一方面以家庭农场、农民合作社为骨干，密切其与小农户的多方面联系，形成命运共同体，要特别重视家庭农场、农民合作社在组织农民、降低生产成本、增加经营效益方面的功能作用，大力扶持家庭农场发展，提升规范农民合作社，建立健全支持家庭农场、农民合作社发展的体制机制、政策体系和管理制度，完善“农户+农民合作社”“公司+农户”利益联结机制，落实相关政策，让小农户有充分的发展空间和获利空间。

（三）以构建新型农业社会化服务体系为依托

全球经验反复证明，小农户在保障粮食安全、提供就业、实现农业可持续发展方面有着不可替代的多元功能和积极作用。因此，一方面大力发展农业生产性服务业，培育壮大适应小农户需求的多元化多层次农业生产性服务组织。在重要农业生产经营作业方面，提供全程或专项服务，托管、半托管小农户生产经营相关事务，促进针对小农户的专项服务和综合服务相互补充，协调发展。解决千家万户小农户生产经营过程中的难题，以及农业生产关键环节“最后一公里”问题，要将生产性服务业作为战略性产业来抓，在减少农业生产直接从业人员的同时，不断拓展农业生产性服务业内涵外延，将单纯的农业生产性服务业拓展到包括乡村各类产业的乡村服务性产业，增加小农户在农业内部的就业机会；另一方面强化政府行为在农业产前市场信息提供、土地经营权流转、信贷保险支撑，生产过程中的产业链延伸、供给链保障、价值链提升、利益链完善、生态链拓展，产后产业、产品品牌塑造以及市场开拓方面为小农户提供全方位、广覆盖、无遗漏帮助和服务，提升小农户的产业素质和产业竞争力。

（四）以产业融合发展为引擎

推进农村一二三产业融合发展，是拓宽农民增收渠道、构建现代农业产业体系的重要举措，是加快转变农业发展方式、探索中国特色农业现代化道路的必然要求。

一是丰富产业融合的内容。加快农业结构调整，优化农业种植养殖结构，大力发展绿色农业；鼓励发展农业生产性服务业和农产品加工业，推进农产品流通体系建设，进一步延伸农业产业链条；推进农业与旅游、教育、文化、健康养老等产业深度融合，拓展农业多种功能。

二是创新产业融合手段。大力发展农业新型业态，实施“互联网+现代农业”行动，推进现代信息技术应用于农业生产、经营、管理和服务。

三是探索农村产业融合的不同模式。因地制宜，鼓励发展农村“一村一品”“一乡一业”“一县一产”，支持小农户发展特色优质个性农产品。根据各地经济社会条件和资源禀赋，创造宽松外部环境，农工、农商、农旅、农文、农城结合，带动小农户发展观光旅游休闲、电子商务、生态环境保护以及农村公共事业项目管护等新产业、新业态。在农业外部，毫不动摇继续推进城镇化，转移农村富余劳动力，特别是鼓励小农户就地就近就业，发展二、三产业，实现小农户的多元就业，多元增收。

第三节　新型农业经营主体

一、农民专业合作社

（一）农民专业合作社的概念

农民专业合作社是一种新型的农业经营主体，它既不同于传统的农村集体经济组织，也不同于以公司为代表的一般企业法人。为了明确农民专业合作社的概念，《中华人民共和国农民专业合作社法》（以下简称《农民专业合作社法》）第二条规定，农民专业合作社是指在农村家庭承包经营基础上，农产品的生产经营者或者农业生产经营服务的提供者、利用者，自愿联合、民主管理的互助性经济组织。

（二）农民专业合作社的特征

根据农民专业合作社的概念分析，农民专业合作社有以下5个主要特征。

1. 农民专业合作社是一种经济组织

与只为成员提供技术、信息等服务，不从事营利性经营活动的农民专业技术协会、农产品行业协会等专业合作经济组织不同，农民专业合作社是从事经营活动的实体型农民专业合作经济组织，也就是说，农民专业合作社是一种经济组织。

2. 农民专业合作社是建立在农村家庭承包经营基础之上的

农村土地的家庭承包经营制度，是党在农村的基本政策。农民专业合作社建立在农村家庭承包经营基础之上，保证了其成员以农民为主体。当前，我国正处于传统农业向现代农业的转型期，多种经营主体并存的局面将长期存在，传统的农民概念也在发生变化，农民的身份概念将逐渐淡化，职业农民的概念将会逐渐被人们接受，从事农业生产经营活动的劳动者都是农民。但是，从我国的现实国情和未来发展趋势看，在相当长时期内，我国农村从事家庭承包经营生产的传统小农户仍然占大多数，法律依然应当首先支持和保护拥有家庭承包经营权、经营农业、收入主要来源于农业的农民。

3. 农民专业合作社是专业的经济组织

农民专业合作社是农产品的生产经营者或者农业生产经营服务的提供者、利用者，其经营服务的内容具有很强的专业性，主要是为成员提供生产经营服务。例如实践中一些农民专业合作社在管理上采取“六统一”：统一引进新品种、新技术；统一提供技术和信息服务；统一采购农药、种子等生产资料；统一组织销售；统一承接国家涉农建设项目等优惠扶持政策；统一开展法律、文化等社会事业服务。

4. 农民专业合作社是自愿联合、民主管理的经济组织

任何单位和个人都不得违背农民意愿，以指导、扶持和服务等名义强迫他们成立或者加入农民专业合作社。农民专业合作社的各成员不论是否出资、出资多少，在合作社内部的地位都是平等的，实行民主管理，在成员大会的选举和表决上，实行一人一票制，成员各享有一票的基本表决权。农民专业合作社在运行过程中应当始终体现“民办、民有、民管、民受益”的精神。

5. 农民专业合作社是互助性质的经济组织

农民专业合作社是农产品的生产经营者或者农业生产经营服务的提供者、利用者以自我服务为目的而成立的，目的是通过合作互助提高规模效益，完成单个农民办不了、办不好、办了不合算的事。这种互助性的特点，决定了它以成员为主要服务对象，决定了“以服务成员为宗旨，谋求全体成员的共同利益”的经营原则。

（三）农民专业合作社的原则

1. 成员以农民为主体

这是为了坚持农民专业合作社为农民服务的宗旨，发挥农民专业合作社在解决“三农”问题中的作用，使农民真正成为农民专业合作社的主人，有效地表达自己的意愿，并防止他人利用、操纵农民专业合作社。根据《农民专业合作社法》对“成员”的规定，一方面，合作社的成员并不是单一的农民，企业、事业单位或者社会组织也可以成为合作社的成员。另一方面，合作社成员主要由农民组成，而且，农民不少于成员总数的80%，成员人数在20人以下的，允许一个从事与农民专业合作社业务直接有关的生产经营活动的企业、事业单位或者社会组织成员进入；成员人数超过20人的，企业、事业单位和社会组织成员不得超过成员总数的5%。

2. 以服务成员为宗旨，谋求全体成员的共同利益

一方面，农民专业合作社以其成员为主要服务对象，坚持以服务成员为宗旨。农民入社后，可以享受农民专业合作社提供的产前、产中、产后服务，更好地发展生产。农民专业合作社则将成员分散生产的农产品和需要的服务集中起来，以规模化的方式进入市场，改变了单个农民的市场弱势地位。另一方面，农民专业合作社为成员服务，还必须坚持谋求全体成员的共同利益。不论是农民个人还是企业等团体成员，加入合作社都是为了享受农民专业合作社提供的服务，合作社本质上是成员共同利益的联合体，这种共同利益是成员间进行合作开展一致行动的基础，只有谋求共同利益才能保证全体成员的利益最大化，实现每个成员加入合作社的目的。

3. 入社自愿、退社自由

农民专业合作社是互助性经济组织，凡具有民事行为能力的公民，能够利用农民专业合作社提供的服务，承认并遵守农民专业合作社章程，履行章程规定的入社手续的，可以成为农民专业合作社的成员。农民可以自愿加入一个或者多个农民专业合作社，入社不改变承包经营；农民也可以依法自由退出农民专业合作社，终止其成员资格，农民专业合作社应当按照章程规定的方式和期限，退还记载在该成员账户内的出资额和公积金份额，返还其成员资格终止前的可分配盈余；资格终止的成员应当按照章程规定分摊资格终止前本社的亏损及债务。

4. 成员地位平等，实行民主管理

《农民专业合作社法》从农民专业合作社的组织机构和保证农民成员对本社的民主管理两个方面作了规定：一是农民专业合作社必须设立成员大会，作为农民专业合作社的权力机构，并依法定期和临时召开；二是农民专业合作社成员大会选举和表决，实行一人一票制，成员各享有一票的基本表决权，成员可以通过民主程序直接控制本社的生产经营活动。

5. 盈余主要按照成员与农民专业合作社的交易量（额）比例返还

盈余分配方式是农民专业合作社与其他经济组织的重要区别，为了体现盈余主要按成员与本社的交易量（额）比例返还的基本原则，保护一般成员和出资较多成员两个方面的积极性，《农民专业合作社法》规定：可分配盈余主要按照成员与本社的交易量（额）比例返还。可分配盈余按成员与本社的交易量（额）比例返还的返还总额不得低于可分配盈余的60%；返还后的剩余部分，以成员账户中记载的出资额和公积金份额，以及本社接受国家财政直接补助和他人捐赠形成的财产平均量化到成员的份额，按比例分配给本社成员。具体分配办法按照章程规定或者经成员大会决议确定。

（四）农民专业合作社的设立程序

农民专业合作社设立的条件成熟后，即可由全体设立人指定的代表或者委托的代理人向登记机关提交材料，进行注册登记。

1. 提交材料

申请设立农民专业合作社，应当由全体设立人指定的代表或者委托的代理人向登记机关提交登记申请书、全体设立人签名、盖章的设立大会纪要、全体设立人签名、盖章的章程等文件。

2. 领取营业执照

登记机关应当自受理登记申请之日起二十日内办理完毕，向符合登记条件的申请者颁发营业执照，登记类型为农民专业合作社。申请者可以按照相应的日期领取营业执照。

3. 刻印公章

农民专业合作社营业执照下发后，到公安机关（或行政许可大厅公安特许窗口），提交农民专业合作社法人营业执照复印件、法人代表身份证复印件、经办人身份证复印件等材料后刻印公章。目前农民专业合作社需要的公章有行政章、财务专用章、法人代表章共三枚。

4. 银行开户

公章刻印后，到任意一家商业银行（一般是农村信用社或中国农业银行），依据《人民币银行结算账户管理办法》提交合作社法人营业执照及其复印件、法定代表人的身份证及其复印件、经办人员身份证明原件、相关授权文件办理账号和账户，以及电子结算密钥等。

5. 政府机关备案

办理完银行手续后，需要到所在地乡镇政府的农业经济办公室办理登记，登记时需要携带营业执照、农业专业合作社简介（简介注明：理事长名字、电话、合作社办公地址、邮箱）等资料；最后要到国家市场监督管理总局备案，备案时需要提交法人营业执照复印件、组织机构代码证书复印件、农民专业合作社法人代表身份证复印件、税务登记证正副本复印件等资料。

二、家庭农场

（一）家庭农场的概念

家庭农场是指在家庭联产承包责任制的基础上，以农民家庭成员为主要劳动力，运用现代农业生产方式，在农村土地上进行规模化、标准化、商品化农业生产，并以农业经营收入为家庭主要收入来源的新型农业经营主体。

家庭农场是一种具有灵活性和适应性的农业经营形式，能够有效地解决小农经济的弊端，提高农业生产效率和质量，增加农民收入和福祉，促进农业结构调整和农村社会稳定。

（二）家庭农场的特征

从家庭农场的概念来看，家庭农场有以下4个主要特征。

1. 适度规模经营

这是我国家庭农场的典型特征。一方面，我国人多地少，还有大量农村劳动力从事农业生产，这决定了我国家庭农场的规模不可能太大。另一方面，家庭农场的规模超过一定程度，尽管劳动生产率会继续提高，但土地产出率将出现下降。因此，适度规模经营将是我国家庭农场区别于发达国家大农场的一个重要特征。

2. 长期专业化从事农业生产，且农业生产经营收入是家庭收入的主要来源

这是家庭农场与传统小规模农户最本质区别。家庭农场通过扩大经营规模，能够实现农户的充分就业，为其提供不低于农村平均收入水平的收入，使其能够专业化从事农业生产。

3. 家庭农场集约化、商品化水平相对较高

这是家庭农场的目标性特征。家庭农场的收入主要依赖于农业生产，其对增加农业生产投入、采用新品种、新技术有较高的积极性，资源要素利用的集约化水平将明显提升，土地产出率提高，商品化水平必将大幅度提高。

4. 主要利用农户自身的劳动力

家庭农场没有长期雇工或者长期雇工数量少于家庭劳动力数量，在农忙季节可以有少量的季节性雇工。如果农场规模过大，雇用大量工人，就会出现劳动监督问题，丧失了家庭经营的优势。

（三）家庭农场的功能定位

1. 家庭农场是我国现代农业建设的基本主体

家庭农场是我国现代农业建设的基本主体，与大量的兼业农户共同成为发展现代农业的基础力量。未来家庭农场将成为我国现代农业的基本主体。但同时，相当比例的中老年农民仍然将从事农业生产，在我国农业生产占据相当重要的地位。因此未来家庭农场和小农户将成为我国现代农业发展的基础力量。

2. 家庭农场是农产品商品化生产、保障重点农产品供给的主要力量

尽管农民合作社、龙头企业也是重要的新型农业经营主体，但农民合作社更多是为农户和家庭农场提供社会化服务、引导小农户进入市场的重要载体，龙头企业更多从事农产品的产后流通和加工，与家庭农场的职能有明显的区别。从这个角度来说，家庭农场的发展对于保障我国农产品商品化供给具有重要意义。

（四）我国家庭农场的发展情况

2008年，党的十七届三中全会提出“有条件的地方可以发展专业大户、家庭农场、农民合作社等规模经营主体”，这是家庭农场概念首次写入中央文件；2013年中央一号文件进一步把家庭农场明确为新型农业经营主体的重要形式之一；自此以后，每年的中央一号文件都对家庭农场进行了强调，并给予相应的部署。

1. 政策体系逐步建立健全

多年来，有关家庭农场方面政策逐步建立健全：2014年发布《关于促进家庭农场发展的指导意见》；2015年国务院办公厅发布《推进农村一二三产业融合发展的指导意见》；2017年中共中央办公厅、国务院办公厅印发了《关于加快构建政策体系培育新型农业经营主体的意见》；2019年发布《关于促进小农户和现代农业发展有机衔接的意见》《关于实施家庭农场培育计划的指导意见》；2020年发布《新型农业经营主体和服务主体高质量发展规划（2020—2022年）》；2021年印发《关于加快推进乡村人才振兴的意见》；2021年发布《关于加快农业全产业链培育发展的指导意见》；2022年发布《关于做好2022年全面推进乡村振兴重点工作的意见》，等等。指导意见和相关活动的推进，从政策层面为家庭农场的发展奠定了基础。

2. 家庭农场名录管理制度建立

2019年，农业农村部组织开发了全国家庭农场名录系统，并指导各地分级建立家庭农场名录制度，将家庭农场认定管理调整为名录管理，把有意愿的种养大户、专业大户等规模专业经营户纳入家庭农场范围。从认定管理到名录管理，降低了家庭农场的准入门槛。如《山东省家庭农场登记管理办法》规定，家庭农场符合以下条件就可以登记：一是以家庭成员为主要劳动力；二是以农业收入作为家庭收入的主要来源；三是经营规模相对稳定，规模达到相关部门的要求等。具体的登记一般在县市区相关部门就可以完成。

3. 开展全方位的示范创建体系

为了充分发挥典型示范在家庭农场高质量发展中的引领作用，农业农村部坚持部、省、市、县四级共同发力，探索构建了三位一体的家庭农场示范创建体系。指导各地按照自愿申报、择优推荐、逐级审核、动态管理的原则，面向全国各省市县开展了家庭农场示范创建活动。截至2023年，全国县级及以上示范家庭农场近17万个、家庭农场示范县220多个，遴选了100多个规模适度、生产集约、管理先进、效益明显的典型案例。

4. 加大财政金融支持力度

中央财政高度重视支持家庭农场的发展，重点支持家庭农场改善生产条件，应用先进的技术，提升规模化、绿色化、标准化、集约化的生产能力，提高产品质量和市场竞争力。据了解，2021年全国各级财政扶持家庭农场资金总额达到315.9亿元，获得财政扶持资金的家庭农场达到11.4万个。农业农村部组织开展的新型农业经营主体信贷直通车活动，重点支持10万～300万元的适度规模经营贷款需求，成为解决家庭农场融资的重要途径之一。

三、农业产业化龙头企业

（一）农业产业化龙头企业的概念

农业产业化龙头企业是指以农产品生产、加工或流通为主，通过订单合同、合作方式等各种利益联结机制与农户相互联系，带动农户进入市场，实现产供销、贸工农一体化，使农产品生产、加工、销售有机结合、相互促进，具有开拓市场、促进农民增收、带动相关产业等作用，在规模和经营指标方面达到规定标准并经过政府有关部门认定的企业。

（二）农业产业化龙头企业的优势

农业产业化龙头企业弥补了农户分散经营的劣势，将农户分散经营与社会化大市场有效对接，利用企业优势进行农产品加工和市场营销，增加了农产品的附加值，弥补了农户生产规模小、竞争力有限的不足，延长了农业产业链条，改变了农产品直接进入市场、农产品附加值较低的局面。还将技术服务、市场信息和销售渠道带给农户，提高了农产品精深加工水平和科技含量，提高了农产品市场开拓能力，减小了经营风险，提供了生产销售的通畅渠道，通过解决农产品销售问题刺激了种植业和养殖业的发展，提升了农产品竞争力。

农业产业化龙头企业能够适应复杂多变的市场环境，具有较为雄厚的资金、技术和人才优势。龙头企业改变了传统农业生产自给自足的落后局面，用工业发展理念经营农业，加强了专业分工和市场意识，为农户农业生产的各个环节提供一条龙服务，为农户提供生产技术、金融服务、人才培训、农资服务、品牌宣传等生产性服务，实现了企业与农户之间的利益联结，能够显著提高农业的经济效益，促进农业可持续发展。

农业产业化龙头企业的发展有利于促进农民增收。一方面，龙头企业通过收购农产品直接带动农民增收，企业与农户建立契约关系，成为利益共同体，向农民提供必要的生产技术指导。提高农业生产的标准化水平，促进农产品质量和产量的提升。保证了农民的生产销售收入，同时也增强了我国农产品的国际竞争力，创造了更多的市场需求。农户还可以以资金等多种要素的形式入股农业产业化龙头企业，获得企业分红，鼓励团队合作，促进农户之间的相互监督和良性竞争。另一方面，农业产业化龙头企业的发展创造了大量的劳动就业岗位，释放了农村劳动力，解决了部分农村劳动力的就业问题。

农业产业化龙头企业的发展提高了农业产业化水平，促进了农产品产供销一体化经营，通过技术创新和农产品深加工。提高资源的利用效率，提高了农产品质量，解决了农产品“卖难”的问题。改造了传统农业，促进大产业、大基地和大市场的形成，形成从资源开发到高附加值的良性循环，提升了农业产业竞争力，起到了农产品结构调整的示范作用和市场开发的辐射作用，带动农户走向农业现代化。

农业产业化龙头企业是农村的有机组成部分，具有一定的社会责任。龙头企业参与农村村庄规划，配合农村建设，合理规划生产区、技术示范区、生活区、公共设施等区域，并且制定必要的环保标准，推广节能环保的设施建设。龙头企业培养企业的核心竞争力，增强抗风险能力，在形成完全的公司化管理后，还可以将农民纳入社会保障体系，维护了农村社会的稳定发展。

（三）农业产业化龙头企业的类型

农业产业化龙头企业包括国家级、省级和市级等。

1. 农业产业化国家级龙头企业

农业产业化国家级龙头企业是指以农产品加工或流通为主，通过各种利益联结机制与农户相联系，带动农户进入市场，使农产品生产、加工、销售有机结合、相互促进，在规模和经营指标上达到规定标准，并经全国农业产业化联席会议认定的企业。

2. 农业产业化省级龙头企业

农业产业化省级龙头企业是指以农产品加工或流通为主，通过各种利益联结机制与农户相联系，带动农户进入市场，使农产品生产、加工、销售有机结合、相互促进，在规模和经营指标上达到规定标准，并经省人民政府审定的企业。

3. 农业产业化市级龙头企业

市级农业产业化重点龙头企业是指以农产品生产、加工、流通以及农业新型业态为主业，通过各种利益联结机制，带动其他相关产业和新型农业经营主体发展，促进当地农业主导产业壮大，促进农民增收，经营规模、经济效益、带动能力等各项指标达到市级龙头企业认定和监测标准，并经市人民政府认定的企业。

第四节 农业社会化服务体系

一、农业社会化服务体系的概念及特征

农业社会化服务体系是农业分工扩大的结果，是农业生产经营商品化和市场化发展到一定程度的表现，是为农业生产提供社会化服务的成套的组织机构和方法制度的总称。它是以乡村集体或者合作社经济组织为基础，以专业的经济技术部门为依托，以农民自办服务为补充，运用社会各方面的力量，使经营规模相对较小的农业生产单位适应市场经济体制的要求，克服自身规模较小的弊端，争取获得大规模的生产效益的一种社会化的农业经济组织形式。农业社会化服务体系是农业社会化服务单位、服务内容和服务方式3个方面的统一。农业社会化服务体系具有以下一般特征。

1. 农业社会化服务体系的服务性质社会化

农业生产者都具有自身短板，有一些自己无法完成或者成本太高的生产内容，农业生产不仅仅依靠农业生产者本身，也需要借助专业的农业产业经营者或者组织、部门进行服务活动，农业社会化服务体系提供的服务不同于自然经济条件下农民的自我服务，是以商品交换为基础的，具有社会化性质。

2. 农业社会化服务的服务内容系统化

农业生产已经被划分为很多细小的运行单元，单个个体或者部门无法承担整个服务体系的运转，只有完善的组织机制相互协调体系内的各个主体，在农业生产产前、产中和产后的服务商与农户有机结合，系统、全面地覆盖农业生产经营的全过程，才能很好地服务农业生产的整个产业链，实现对农业的一条龙服务。

3. 农业社会化服务体系的服务主体多元化

农业社会化服务体系由各种社会经济组织构成，服务主体包括村集体经济组织、涉农事业单位、农业院校、科研院所、金融部门、外贸部门、合作经济组织、龙头企业等，服务主体多元化。

二、新型农业社会化服务体系

（一）新型农业社会化服务体系特征

新型农业社会化服务体系除了具有农业社会化服务体系一般特征外，还

具有以下特征。

1. 合作经济组织是新型农业社会化服务体系的基础，龙头企业是农业社会化服务体系的骨干

我国农业从传统方式向现代方式转变，在此过程中，合作经济组织和龙头企业由于独特的经营方式和与农户的天然联系在新型农业社会化服务体系中发挥着重要作用，并且会成为新型农业社会化服务体系的重要服务主体。

2. 新型农业社会化服务体系公益性服务和经营性服务相结合，专项服务和综合服务相协调

我国农业社会化服务以公益性服务为主，专项服务与综合服务发展不协调，综合服务的投入更大。而新型农业社会化服务体系强调公益性服务与经营性服务相结合，专项服务与综合服务相协调，在国家能力范围内为农户提供尽可能多的公益性农业社会化服务。既要发展农业金融、科技、信息服务，也要加强专项服务，如农业产后服务、生产资料供应服务等。

新型农业社会化服务体系服务水平更高。新型农业社会化服务体系运用现代科学技术，高效优质地服务于农业生产，运用互联网技术、借助发达的信息传播工具为农户传递技术和信息。通过开展培训、定期回访、科技入户等方式密切联系农户，收集反馈信息，实现服务水平的提高。

3. 新型农业社会化服务体系实行市场化运行机制

新型农业社会化服务体系的服务动力来源于社会利益的驱动。农业生产经营的方式决定服务方向，服务质量、信誉等决定服务业绩。供需平衡决定经营性服务的价格。新型农业社会化服务体系只有通过市场化的运行机制，才能高效运转，为农户生产经营和农业生产发展提供优质服务。

4. 新型农业社会化服务体系的经营方式是产业化

农业社会化服务本身具有价值，可以直接创造生产力，因此这种服务应该是有偿的。除了国家公益性服务以外，其他社会化服务都应该按照市场状况进行等价交换。新型农业社会化服务体系具有承担责任、履行义务的能力，是产业实体，发展趋势就是以服务创收，建立一体化经营机制。

5. 新型农业社会化服务体系的服务手段现代化

新型农业社会化服务体系适应经济发展的趋势，具有现代科技手段，善于利用网络通信、大众传媒、电子商务等渠道，能够高效整合资源，建立现代服务平台，为农户提供现代化的高质量服务。

6. 新型农业社会化服务体系的管理方式精细化

新型农业社会化服务体系落实责任、杜绝浪费、追求效率，体系内部的管理水平不断提高，推动农业社会化服务快速发展。

（二）新型农业社会化服务体系构成

新型农业社会化服务体系主要应该包括以下6个方面。

1. 农业技术推广服务体系

坚持以国家农业技术推广机构为主导、公共服务机构为依托、合作经济组织为基础、龙头企业为骨干、其他社会力量为补充，公益性服务和经营性服务相结合，专项服务和综合服务相协调，构建农业技术推广服务体系。

2. 农业生产社会化服务体系

农业生产过程受多种因素制约和影响，必须以家庭农场或农户为基础，才能充分发挥生产者的积极性。

3. 农村商品流通服务体系

在市场经济条件下，打破了农业生产资料专营的体制，需要建立和完善农业生产资料现代经营服务网络；农产品由长期短缺转变为基本自给、丰年有余，需要建立农副产品现代购销网络；面对农业生产资料市场销售假冒伪劣产品的行为，需要加强监管体系建设，形成新型农村商品流通服务体系。

4. 农村金融服务体系

金融是经济的血液，农村金融不活，转变农业发展方式必然受到制约。

5. 农村信息服务体系

信息化是现代农业的重要内容。目前，新品种、新技术、供求、价格、预测等信息成为需求热点，及时、有效的定制信息成为主流。

6. 质量安全监管体系

随着经济、贸易全球化和农产品贸易的迅速发展，农产品质量安全已不仅仅涉及人类身体健康、生命安全，而且关系到转变农业发展方式、增加农民收入、促进农业可持续发展和提高农产品在国际市场上的竞争力，关系到国家经济发展和社会稳定。

三、农业社会化服务体系的建设

（一）农业社会化服务体系建设模式

我国农业社会化服务体系以政府服务部门为主导，充分利用村集体经济、农民专业合作社、农业产业化龙头企业、民间个体等补充力量，对农业生产经营的各个环节进行全面服务，在此过程中衍生出一些农业社会化服务模式。

1. 以政府公共服务部门为主导、客户为服务对象的服务模式

以政府公共服务部门为主导，对农户进行生产服务的模式是我国的传统模式。政府具有天然的行政优势，可以有效地对农户进行一对一服务，方便生产资料供应、基础设施建设、技术和销售渠道开发和资金支持。

政府公共服务部门可以运用现代信息化的手段建立农技网络咨询平台，通过互联网等现代通信工具建立农技服务网站、农技服务热线等信息服务，向农村、农民发布最新的农业服务信息，这些方式降低了农户的人工服务成本，减少了风险，收到较大成效，推动了农村经济的稳定发展。

政府公共服务部门可以培养专业人才队伍，提供农业科技人员入户服务。政府服务部门培养优秀的农技人员和专业科技人员。进村为“三农”服务，进行技术指导，试点新品种和新技术，传播信息。还可以在多个村进行试点，以一带多，节省人力成本，形成规模效应，通过科学有效的手段，解决农业生产经营问题，发挥科技的力量。

政府公共服务部门能够做到责任到人，建立农技推广责任制。我国农技人员的知识和技能水平参差不齐，农业服务部门就承担了农技推广人员的选拔和任用工作。在选人制度上做到用人以能，选任有真才实学的农业人才投身到农业社会化服务体系当中。对农技指导员实行分级分责管理，确保人尽其才。建立农技推广运作机制，建立分级培训、课题协作、农业信息服务制度，根据农民的实际需求开展培训，发挥已有的农民培训中心和科技示范基地的作用，帮助农民充分利用中国农业农村信息网等资源优势，解决技术难题，发布销售信息，推介农业新品种和新技术。政府公共服务部门还能建立农技推广保障体系，安排农技专项推广资金，实行专款专用，开展课题研发和农技推广活动。

2. 以村集体经济组织为主的服务模式和村集体直接服务农户的模式

村集体与农户联系最为紧密，也是最接近农户的服务组织。村集体对农民的领导和组织作用非常明显，尤其在土地使用和流转方面，村集体组织可以在不影响土地所有权的情况下保证土地规模化和集约化使用。村集体可以与农户签订承包合同，集中农户的分散农田，进行统一种植、统一耕作和统一治理，实现规模化、产业化大生产。农民又可以在集约化生产的大农场务工，在获得劳动报酬的同时获取土地流转租金。从而提高了土地利用率，降低了生产成本，既提高了劳动效率又增加了收益。

以村级综合性服务站为基础的农业社会化服务模式。各个地区由于地理因素、人口环境和经济状况的差异，以政府为依托的综合服务站根据承办主

体不同可以分为两种模式：村集体承办模式和合作社承办模式。村级综合服务站作为固定的服务站点，向农民提供现代化服务。在市、县财政的支持和服务站承办者的共同协作下，服务站与农民加强沟通交流，实现设施配备、科学培训、信息检索、专家咨询等方面的服务，切实从农民的真正需求出发，有偿为农户提供生产资料和农用物资，无偿提供技术咨询和疑难解答。通过与农民的面对面交流，做到从实际出发，具体问题具体解决。

3. 村集体 + 中介组织 + 农户 + 基地的农业社会化服务模式

村集体在产业规划引导、土地流转和纠纷处理、资金争取扶持、重大病虫害防治、对外交流联络、道路水电信息、办公场所提供等基础设施建设方面具有强有力的保障和服务功能。但是村级集体工作人员少、经济相对薄弱，村集体对农户的直接服务能力较弱，通常需要借助公司、能人、专业合作社、服务队等开展直接服务。因此，形成了村集体+中介组织+农户+基地的农业社会化服务模式。村集体的具体服务，一方面是统一购销，集体购买生产资料和农用物资，统一组织农产品销售，降低了成本价格且保证农民受益，形成价格优势，增强竞争力；另一方面，村集体服务是统一操作，形成耕地、播种、植保、灌溉方面的机械化操作，提高生产效率，将农民从原始的人力劳动中解放出来。再者，村集体还提供公共公益性服务，进行村级公共基础性建设，加上农民投入劳动力，进行公路建设、通信建设、电网建设等生活必需的建设。

4. 农民专业合作组织 + 农户服务的模式

农民专业合作组织能够解决分散经营的问题，联结农户和市场，形成信息工具的利益组合，在技术和市场上都具有天然优势，能够推动我国农业的市场化进程，带动农业现代化生产，促进农村经济发展，带动农民增加收入。

产前提供团购和技术培训服务，农民通过组团集体购买农业生产要素，可以降低购买成本，保证农产品质量。农民专业合作社通过良好组织，形成规模性的购买力，为农民提供良好的购买环境，并且在价格和运输成本上争取到更大优惠。

产中提供技术指导服务。农民专业合作组织在技术推广方面一般都注重实用性和适用性，直接为农户进行市场导向的技术培训。为了保持技术和信息方面的先进性，农民专业合作社也通常与大专院校和科研机构保持密切联系，通过进行学术、技术、信息方面的交流指导，提高科技成果转化率，加速将科学技术转化为实际生产力。

产后提供销售和加工服务。在农业产业链中，附加值最大的还是加工和流通环节，农民专业合作组织最大的价值就在于为农户提供农业产后服务，为农户争取第二、第三产业的附加利润，提高农民的经济利益。

5. 农业产业化龙头企业 + 农户模式和企业 + 基地 + 农户模式

在这种模式下，企业和农户之间签订收购或者销售协议，龙头企业向农户提供技术和资金、分享市场信息，农户按照协议要求进行生产，龙头企业再按照协议价格收购农产品。企业和农户通过协议联系在一起，形成利益联结体，互惠互利。但是农民的文化素质不高，法律意识淡薄，企业的趋利性会对农民造成一定的剥削，因此农民违反合同的情况时有发生，也会给企业造成损失。

6. 企业 + 合作社（协会）+ 基地 + 农户模式

在市场经济发展不完善的农村，龙头企业的趋利性使得龙头企业容易形成垄断，而分散农户常常处于劣势。农民专业合作组织恰好能够促进农民与企业沟通交流，保证农户的正当权益。农民通过合作组织与企业商量合作方针和方案，接受新的技术，获取最新的市场信息，降低交易成本，提高合同履约率。

7. 企业 + 政府机构 + 基地 + 农户模式

龙头企业直接服务于农户的交易成本和风险相对较高，企业和农民之间存在不信任。政府的公共服务部门具有公信力，恰好就是最好的协调和组织者。政府机构作为中介，具有组织和技术优势，政府同农户签订协议交给龙头企业，在生产过程中协同龙头企业向农民提供技术支持和生产服务，产后负责农产品质量监督，维护龙头企业和农户双方的利益。政府还可以与龙头企业整合土地及资金资源，研究新品种，实践种植，开辟农业生产基地，并将成功经验推广到各个农户，提高农业生产水平，降低种植风险。政府还通过财政实力进行财政补贴和扶持，便于农户与企业放心合作，消除后顾之忧，实现合作效果利益最大化。

8. 企业 + 村委会 + 基地 + 农户模式

村委会是通过农民自主选举产生的，能够广泛征求民意，代表民意，是代表农民与龙头企业沟通的最佳选择，可以在充分信任的基础上将市场信息和新技术传递给农户，也可以帮助企业对农户的生产活动进行督促和监督，降低交易成本。

9. 多种民间服务主体＋农户的服务模式和村级科技服务站模式

村级服务站联结了生产供应商、示范户和农技员，促进了技术信息的咨询和市场信息的及时反馈，保证了技术推广的时效性。服务站还通过专门的销售渠道促进农产品销售，保证农资产品的低价，通过统一的技术服务、高效的配送模式、合理的价格调控，把控好农业生产环节，保护农民利益。

10. 农村经纪人协会服务模式

农村经纪人是促成农产品顺利进入流通市场的群体，在农业社会化服务中，尤其是产后环节发挥着重要作用。为农民提供比较准确的市场信息，解决了销售渠道短缺的后顾之忧，化解了农民处于市场竞争中不利位置的难题，降低了农民的交易费用，有利于提高农民收入，促进了农村产业结构的调整和产业规模的扩大，促进了农村社会分工体系的完善，推动了农村富余劳动力的转移。

（二）发展农业社会化服务体系的原则

1. 多层级结合

鼓励农科教结合、农商结合、物技结合、政物结合等组成的大型承包集团走进农村，发挥其自身优势，推进农业的社会化服务。鼓励原材料产地和农产品加工企业直接联系，企业与集体经济组织和农户之间结成利益共同体，实现产供销一条龙服务，通过合同方式形成稳定的供求关系。

2. 发展贸工农、产供销一体化的农业社会化服务体系

贸工农、产供销一体化的经营方式是大势所趋，都是以市场为导向，实现生产、加工、销售的一体化经营，这可以将国有、集体和个体经营有效联结在一起，突破所有制的界限；可以将不同地区的企业衔接起来，突破地域的界限，从而促进生产要素的优化组合和产业结构的调整，实现城乡之间的优势互补。

3. 农业社会化服务体系要以竞争为动力，在竞争中求生存和发展

通过竞争改善经营管理。在合作经济组织、龙头企业、公共服务机构内部建立人员聘用、薪酬计量、绩效考核、经营管理等方面的规范和竞争机制，促进服务主体蓬勃发展。要面向社会吸收高素质人才，提升农业社会化服务工作的优势和潜力，通过公开透明、科学合理的绩效考评机制兼顾经济效益和社会效益。各类不同服务主体提供的服务要向市场方向延伸。提高服务效果，服务较好的才能占领市场，适应市场供求和价格环境的变化。

4. 农业社会化服务体系要建立合理的激励机制

鼓励参与农业社会化服务的人员提高服务技能，挖掘自身潜力，提高工作积极性。对服务效果差、农民满意度低的服务项目要改正完善。对于积极配合的农户给予一定补贴和优惠，增强农民的参与意识。

5. 农业社会化服务体系要建立合理的投入机制，坚持有所为有所不为，确保提供农户需要的服务

根据服务职能确定是否投入和投入力度，针对农业社会化服务现状确定投入领域和投入资金。

6. 农业社会化服务体系要保持创新，只有在正确有效的创新机制推动下，农业社会化服务体系才能持续发展

服务内容方面，要依靠科学技术，探索促进农业生产能力提高的服务项目；供给模式方面，根据市场需求优化组合，调动可用力量，形成优质服务的产业发展链条；管理模式方面，建立合理创新的人事管理制度、奖金分配制度，提高相关人员的创新能力。通过营造创新氛围，建立新型农业社会化服务体系。

7. 农业社会化服务体系要大力发展现代农业信息服务

加强市场供求信息、价格信息等方面的预测和分析，对于有竞争力的农产品从产前、产中、产后关注全面信息，帮助提高产品竞争力。逐步建立农业信息商品市场，促进信息传播，实现农业信息商品的供需对接。

8. 提高农业生产资料供应服务水平，完善农资配送模式

农资生产企业要摒弃自给自足的做法，合理配置资源，保证配送效率，加强企业管理。同时要发展第三方外包型农资配送模式，利用第三方的专业优势，使农资企业和农户都享受到高品质服务。完善农资配送模式和配送体系，强化站点建设，培养专业人员，加大监管力度，建立区域性的农资物流配送中心。

第七章　增强粮食和重要农产品调控能力

第一节　粮食宏观调控的目标和手段

国家宏观调控是为了防止在市场经济条件下市场失效和保证国民经济总体稳定运行，在市场发挥配置经济资源决定性作用的前提下，通过运用宏观经济政策工具来调节国民经济，以实现国家宏观经济目标的一整套运作过程。粮食是关系国计民生和经济安全的重要商品和战略物资，具有较强的不可替代性，消费需求弹性较小。同时，粮食的生产和流通受到一般商品生产和流通发展规律的制约。必须通过政府宏观调控，把政府“有形的手”与市场“无形的手”结合起来，才能克服市场的种种缺陷。

一、粮食宏观调控的目标

粮食宏观调控作为国家宏观调控的重要组成部分，其目标的制定应服从和服务于国家宏观调控的总体目标。粮食宏观调控目标应与公众利益相一致，与国民经济发展战略目标和长远规划目标相适应。具体来看，就是保持全国粮食供求总量和品种结构基本平衡，保障粮食市场供应和价格基本稳定，保护农民生产积极性和利益，维护国家粮食安全。

二、粮食宏观调控的手段

粮食宏观调控的手段主要分为经济手段、行政手段和法律手段等。经济手段包括储备粮吞吐、保护性收购、政策性销售、粮食进出口等，行政手段是指制定相关政策和必要的价格干预等，法律手段是指制定相关的法律法规。在实际运用中，应以经济手段为主，辅之以法律手段和必要的行政手段，综合运用各种政策和措施，打好“组合拳”，发挥组合效应。

近年来，我国采取的粮食宏观调控措施主要有以下5种。

（1）改革完善粮食收储制度，有效保护种粮农民利益。我国从2004年起陆续在主产区对稻谷、小麦实行最低收购价政策，2008年起对玉米、大豆等品种实行临时收储政策，保护和调动了广大农民种粮积极性，促进了我国粮食生产稳定发展。2016年以来，国家有关部门积极改革完善粮食等重要农产品价格形成机制，相继取消了大豆、油菜籽、玉米临时收储政策，完善稻谷和小麦最低收购价政策，购销节奏更加均衡平稳，优粮优价市场运行机制逐步健全。

（2）组织开展政策性粮食销售，保证了粮食市场供应和价格基本稳定。为加强粮食市场的宏观调控，国家有关部门制定了《国家临时存储粮食销售办法》，运用规范化的市场机制，对最低收购价粮、临时存储粮通过统一的国家粮食交易平台常年常时公开竞价销售，交易品种涵盖小麦、稻谷、玉米、大豆、植物油等大宗粮油。在安排国家政策性粮食销售过程中，把握好投放的力度和节奏，合理确定销售底价，充分发挥市场机制的作用，实现了以经济手段为主的间接调控，又使粮食市场价格在国家宏观调控下运行，确立了政府对粮食市场调控的主动权。在近几年国际市场粮价大幅剧烈波动的大背景之下，我国粮食市场保持了供应充足、价格基本稳定的良好局面。

（3）进一步健全中央和地方粮食储备体系，夯实宏观调控的物质基础。近年来，我国粮食储备调节体系逐步完善，宏观调控的物质基础显著增强。中央储备粮垂直管理体系进一步健全，通过直接收购、轮换补库、进口、移库等方式，充实了中央储备规模，地区布局和品种结构更趋合理。同时，地方储备体系建设得到加强，各地利用粮食连年丰收的有利时机，充实地方粮油储备。随着中央和地方粮油储备体系的不断完善，政府调控粮食市场的物质基础显著增强，应对突发事件的能力明显提高，储备粮在调控市场、救灾应急、保证供应、稳定粮价等方面发挥了积极作用，产生了较好的社会效益。

（4）建立全社会粮食供需平衡调查体系和粮油市场监测预警体系，为粮食宏观调控正确决策提供依据。从2004年起，开展社会粮食供需平衡调查，调查对象为粮食生产、流通和消费环节的单位和个人。2008年起，针对食用植物油市场的变化情况，开始对食用植物油进行供需平衡调查。目前，已建立城乡居民户固定调查点15万个，纳入日常统计范围的涉粮企业5万多家，每年对全国粮食、食用植物油及油料的供需平衡的现状以及未来发展趋势作出科学预测和客观分析。2006年起，建立了由300多个监测点构成的国家粮食市场监测体系，从粮食流通产业链条出发，科学设置原粮、成品粮、粮油加工副产品、深加工产品的监测价格类型和监测品种，同时对粮油进口完税价、港口销售价、期货主力合约成交价等信息进行实时监测。目前各类监测点数量已增至1 000多个，形成了相对完整的粮食市场监测体系。

（5）合理利用国际国内两个市场两种资源，促进国内粮食供求平衡。近年来，国家有关部门在探索灵活运用进出口手段，充分利用两个市场、两种资源加强粮食宏观调控，促进粮食供需总量和结构平衡上，进行了有益尝试。在国内粮食供求趋紧的情况下，采取有效措施，严格控制短缺品种的粮食出口，积极利用进口粮调剂国内供需；在国际市场粮价下降时择机进口部分粮食，以增加国内市场供给或补充库存，促进国内粮食市场供需基本平衡；在进口、走私数量剧增，冲击国内粮食市场时，规范大米边贸和边民互市管理，加大对粮食走私的打击力度，减少价低或质次粮食冲击国内市场。这种灵活的进出口调控政策，既保障了国家粮食安全，又稳定了国内市场，保护了种粮农民利益。

第二节　粮食储备与吞吐调节机制

一、粮食储备的意义和制度

（一）粮食储备的意义

粮食储备是确保国家粮食安全的重要手段，它在调节粮食供求、稳定粮食市场以及应对重大自然灾害或其他突发事件中发挥着关键作用。

1. 调节粮食供求

粮食储备可以在粮食生产出现波动时，通过释放储备或增加储备来平衡市场供需关系。在粮食产量低于预期或需求增加时，政府可以适时投放储备粮食，增加市场供应，防止粮食短缺和价格过快上涨。相反，当粮食产量过剩时，政府可以通过收购粮食来增加储备，避免价格过低损害农民利益。

2. 稳定粮食市场

粮食储备作为一种宏观调控工具，有助于稳定市场预期和价格。市场参与者知道存在充足的粮食储备，会增强对市场稳定运行的信心，从而减少恐慌性购买和价格投机行为。

3. 应对重大自然灾害

在遭受洪水、干旱、地震等自然灾害时，当地粮食生产可能会受到严重影响。此时，粮食储备能够迅速响应，为受灾地区提供急需的粮食，保障受灾群众的基本生活需求。

4. 应对其他突发事件

除了自然灾害，粮食储备还能应对战争、疫情、经济危机等人为或社会因素导致的突发事件。这些事件可能导致粮食供应链中断或需求激增，粮食储备能够在关键时刻保障国内粮食供应，减少对外部不确定性的依赖。

（二）粮食储备制度

国家实行中央和地方分级粮食储备制度。

政府粮食储备是国家粮食宏观调控的重要物质基础，用于调节粮食供求，稳定粮食市场，以及应对重大自然灾害或者其他突发事件等情况。1990年国家建立专项粮食储备制度。2000年设立专门企业负责中央储备经营管理。中央储备粮的储存规模、品种和总体布局方案以及收购、销售、轮换、动用等，依照《中央储备粮管理条例》的有关规定，实行严格的计划管理。由于我国幅员辽阔，各地区之间情况有较大差异，仅由中央一级储备难以顾及各个地方的需要。因此，各省（区、市）按照“米袋子”省长负责制要求，建立了一定的地方储备作为必要补充，对区域内粮食市场波动和年际间丰歉进行调节。各地参照《中央储备粮管理条例》，结合区域实际，制定地方储备粮管理办法，并配套完善相关管理制度，强化地方储备粮管理。

经过多年发展，政府粮食储备体系不断健全完善，储备规模逐步充实、品种结构不断优化，管理制度化规范化水平持续提升，与调控要求基本相适应。

二、加强储备吞吐调节

粮食吞吐调节是指政府或相关部门通过有计划地进行粮食的收购和销售活动，以平衡市场供需、稳定粮食价格和保障粮食安全的一种宏观调控手段。这种机制通常在粮食市场出现供需失衡或价格波动时发挥作用，通过适时地增加或减少市场粮食供应量来调节市场。

（一）加强储备吞吐调节的策略与实施

为了有效应对市场供需变化，政府需要建立和完善一个灵活的粮食储备吞吐调节机制。这包括在粮食产量过剩时，通过国家和地方储备系统积极收购粮食，以稳定市场价格和保护农民收益。同时，在粮食短缺或市场需求增加时，通过适时投放储备粮食，增加市场供应，缓解供需矛盾。这一机制要求政府具备高效的粮食收购、储存、管理和调度能力，确保储备粮食的数量、质量和储存安全，以及在关键时刻能够迅速有效地将粮食投放市场。

（二）紧盯重要时段和重点区域的粮食供需状况

政府在实施粮食吞吐调节时，必须特别关注那些对粮食市场影响重大的时段和区域。重要时段如春节、国庆等传统节日，以及自然灾害、疫情等突发事件发生时，粮食需求往往会有显著波动。重点区域则包括那些粮食生产和消费不平衡的地区，如大城市、粮食主产区和经济欠发达地区。政府需要通过建立精细化的监测预警系统，及时掌握这些时段和区域的粮食供需变化，采取有针对性的吞吐调节措施，确保粮食供应的稳定性和可靠性。

（三）加强粮源组织调度的措施

为了确保粮食能够及时从生产地区调配到需求地区，政府需要加强粮源的组织和调度工作。这包括优化粮食物流网络，提高运输效率，确保运输通道的畅通无阻。同时，政府还需要与粮食生产者、加工企业、销售商以及物流公司等多方合作，建立起一个高效的粮食供应链管理体系。在这个体系中，政府不仅要确保粮食的物理流动，还要通过信息化手段实现粮食流动的实时监控和智能调度，提高应急响应能力。

（四）精准把握政策性粮食投放

政策性粮食投放是粮食吞吐调节中最为关键的环节之一。政府在投放储备粮食时，必须精准判断市场供需状况和价格走势，合理安排投放的时间、数量和节奏。这要求政府具备高度的市场敏感性和决策智慧，能够根据市场反馈和数据分析，及时调整投放策略。例如，在市场价格快速上涨时，政府可以通过增加投放量和频率来平抑价格；而在市场供应充足时，可以适当减少投放，避免造成市场过剩和价格下跌。

（五）有效满足市场消费需求的目标

粮食吞吐调节的最终目标是满足消费者的粮食需求，保障所有社会成员的粮食安全。政府在进行粮食吞吐调节时，应充分考虑到不同消费群体的需求特点，特别是要关注低收入家庭、弱势群体和特殊困难地区的粮食供应情况。通过实施差异化的粮食供应策略，政府可以确保所有人群都能够获得稳定和可靠的粮食来源。此外，政府还需要通过宣传教育、市场监管等手段，引导消费者合理消费，减少粮食浪费，促进粮食资源的可持续利用。

第三节　粮食价格形成与调控策略

一、粮食价格的形成

粮食价格主要由市场供求形成，但同时也受到政府政策、生产成本、国际市场价格波动以及消费者行为等多重因素的影响。

（一）市场供求关系

在市场经济中，价格是反映商品供求关系的重要信号。当粮食供应量大于市场需求时，价格往往会下降，以吸引更多的消费者购买，从而达到市场均衡。相反，如果粮食供应量小于市场需求，价格就会上涨，以促使生产者增加产量或消费者减少消费。这种价格的波动，正是市场供求关系不断调整的结果。

（二）政府政策

在粮食市场中，供求关系并不是唯一的决定因素。政府政策也起着至关重要的作用。为了维护国家粮食安全和社会稳定，政府往往会通过一系列政策措施来调控粮食市场。例如，设定粮食收购价格、实施粮食补贴、进行粮食储备等。这些政策都会对粮食价格产生影响，使得市场价格不再是完全由自由市场供求决定。

（三）生产成本

生产成本也是影响粮食价格的重要因素。农业生产需要投入大量的种子、化肥、农药、劳动力等资源，这些成本会直接影响粮食的生产成本。当生产成本上升时，农民往往会提高销售价格以维持利润。反之，如果生产成本降低，农民则可能降低销售价格以提高市场竞争力。

（四）国际市场价格波动

国际市场价格波动也会对国内粮食价格产生影响。随着全球化的深入推进，国际粮食市场的价格波动会迅速传导到国内市场。例如，当国际市场上某种粮食的价格大幅上涨时，国内生产者可能会提高价格以与国际市场接轨。这种价格的传导机制使得国内粮食价格不再仅仅受国内供求关系的影响。

（五）消费者行为

消费者行为同样是一个不可忽视的因素。消费者的购买习惯、消费偏好以及收入水平等都会影响到粮食价格。例如，随着消费者对有机、绿色、健康食品的追求日益增加，这类粮食的价格也往往会高于普通粮食。同时，消费者的收入水平也会直接影响他们的购买能力，从而间接影响粮食价格。

上述因素之间相互作用、相互影响，共同构成了粮食价格的复杂形成机制。为了维护粮食市场的稳定和持续发展，需要综合考虑各种因素，制定合理的政策和措施来引导和调控市场。同时，也需要加强市场监管和信息透明度，以减少市场失灵和信息不对称的问题。

二、粮食价格的调控

（一）最低收购价格政策的深入实施

我国的最低收购价格政策是一种重要的市场保护机制，它为农民提供了一个价格安全网。在市场粮食供应出现短缺或市场价格低于政府设定的最低收购价时，政府会介入市场，按照最低收购价购买农民的粮食。这一政策不仅保障了农民的种植收益，避免了市场价格波动对农民收入的负面影响，还确保了国家粮食的基本供应和市场的稳定。此外，最低收购价格政策还能够促进农业的可持续发展，通过保障农民收益，鼓励他们继续从事粮食生产，从而维护国家粮食安全。

（二）价格干预措施的精准调控

面对粮食价格的显著上涨或上涨趋势，我国政府依法采取价格干预措施，以防止价格波动对经济和社会稳定造成过大影响。根据《中华人民共和国价格法》，国务院和地方人民政府可以采取一系列措施，如设定价格上限、发布价格干预令、提供价格补贴等，以稳定市场价格并保护消费者利益。这些措施旨在平衡市场供需关系，防止价格过度波动，确保粮食价格在合理区间内波动。通过精准的价格调控，政府能够有效地维护市场秩序，保护消费者和农民的利益，同时避免通货膨胀等宏观经济问题的发生。

（三）粮食储备和投放的战略运用

粮食储备是我国政府调控粮食市场的重要工具。政府通过建立和维护粮食储备系统，能够在市场供应紧张时及时释放储备粮食，增加市场供应，从而平抑价格。此外，政府还会根据市场情况，通过购买和储存粮食来调节市场供需关系，确保在不同时间段内市场的稳定供应。粮食储备和投放策略的运用，不仅能够应对短期的市场波动，还能够在面对自然灾害、疫情等突发事件时，保障国家粮食安全和社会稳定。通过这种战略性的储备和投放，政府能够确保在任何情况下都能够满足人民的基本粮食需求，维护社会稳定和经济发展。

第四节　粮食市场监测与预警体系

国务院发展改革部门及国家粮食和储备行政管理部门会同国务院农业农村、统计、市场监督管理等部门负责粮食市场供求形势的监测和预警分析，健全监测和预警体系，完善粮食供需抽查制度，发布粮食生产、消费、价格、质量等信息。

一、健全粮食市场监测预警机制

健全粮食市场监测预警机制是加强粮食宏观调控、保障国家粮食安全的客观要求。无论是国家还是地方，都应该建立科学、正确、有效的粮食供求总量平衡和市场预警机制，制定粮食应急保障预案，确定粮食预警调控指标。切实加强对粮食有关数据的宏观分析，加强对多渠道粮食流通的动态监测，实行对全社会粮食生产、消费、价格等信息的定期发布制度。

二、有关部门的粮食市场监测和预警职责

国务院发展改革部门及国家粮食和储备行政管理部门承担粮食市场监测和预警的职责，与农业农村、统计、市场监督管理等部门共享信息数据、开展分析研判，运用大数据等科技手段，强化动态监控，提高防范化解风险能力，为保障国家粮食安全提供有力支撑。

三、质量调查和品质测报

质量调查和品质测报是粮食市场监测的组成部分。2005年国家粮食局印发《关于开展全国粮食质量调查和品质测报工作有关事项的通知》，要求各粮食主产省份和粮食产量比较大的平衡省份及销区省份，都要积极组织开展收获质量调查和品质测报。质量调查是指对当年收获粮食一般质量等级状况的评价；品质测报是指对各地推广种植的优质或优良粮食品种内在品质状况的综合评价。

省级粮食和储备行政管理部门应组织开展辖区内的调查和测报工作，及时组织发布质量信息。多年来，各地粮食和储备行政管理部门持续开展质量调查和品质测报工作，在及时掌握当年新收获粮食质量状况、服务制定粮食宏观政策、推动粮食种植结构调整、提升优质粮食供给、推进优质粮食产销衔接等方面发挥了重要作用。

第八章　深入开展粮食节约减损行动

第一节　粮食节约减损的重要性

一、粮食浪费的现状

据联合国粮食及农业组织统计，每年全球粮食从生产到零售全环节损失约占世界粮食产量的14%。这个损失降低1个百分点，就相当于增产2 700多万吨粮食，够7 000万人吃一年。

2023年12月18日，中国农业科学院发布的《2023年中国食物与营养发展报告》显示，我国每年损耗和浪费的食物总量达到4.6亿吨，其中损耗浪费率最高的食物是蔬菜，达到34.4%。从产业链的角度看，损耗和浪费主要集中在生产及产后处理环节和消费环节，占总量的76%。

二、粮食浪费的原因

粮食浪费问题是一个复杂的社会现象，其原因可以从多个环节进行分析。

（一）收获环节

收获环节，田间收割的损失主要来自收割方式，存在收割机械精细化程度不够、农机农艺不配套、机手操作不规范等问题，部分农户在收割过程中也会遇到雨雪等极端天气，造成损失；其次是脱粒环节，三大主粮脱粒环节损失率平均为0.74%；清粮环节和田间运输环节的损失情况较轻。

（二）收购环节

收购环节，托市粮短期内不能按时出库导致粮食仓容压力越加严重，粮食市场形势难以预测导致粮食市场经营风险较大，这导致了粮食收购压力加剧；同时粮食收购主体门槛高，限制了一大批企业进入粮食收购的积极性。对大量种植户来说，他们收获的粮食很难长时间烘干保存，一旦滞销，可能会导致粮食霉变等，造成粮食损失。

（三）仓储环节

仓储环节，由于市场竞争压力大，市场上粮食销售利润普遍较低，多数粮食销售商通过不及时更新相关设备降低设备投入成本以增加利润，粮食销售商相关设备老化的情况较为普遍，粮食销售环节的储存条件简陋或无设备。农户储粮装具普遍较为简陋、保管水平低，以及地趴粮等易导致鼠害、虫害、霉变等损失。受出入库作业方式、储存技术水平低以及储粮生态环境较差等影响，粮库储粮存在部分损失。粮食仓储倒仓、倒垛过程中存在遗撒损失。

（四）运输环节

运输环节，粮食运输装卸、运输设施落后，专用运输设施不足，散运比例偏低，存在遗撒和碎粒损失。汽铁水联运比例低，运输工具对接不及时，以及部分粮食与其他货物混运，存在运输损失。同时，因雨淋或外界气温变化等因素导致的脂肪酸值升高、食味品质下降甚至霉变、霉烂等属于质量下降的粮食损失。

（五）加工环节

加工环节，小型粮食加工企业低水平粗放式加工，存在加工损失。粮食加工副产物综合利用率较低，如米糠、谷壳、麸皮、胚芽等没有得到有效利用。同时对粮食加工也存在过分追求精、细、白的消费误区，企业粮食过度加工严重，成品粮出品率相对较低。

（六）消费环节

消费环节的粮食浪费涉及消费者行为、餐饮服务业和社会文化因素。消费者在购买、储存和食用过程中可能因过量购买、不当保存或食物偏好而导致食物浪费。餐饮服务业为了追求菜品的外观和丰富性，可能会准备过量的食物，而顾客可能因口味和饮食习惯未能完全消费，造成食物残余。社会文化习惯，如宴请文化和对食物外观的过度追求，也可能导致大量食物的准备和剩余。

三、节粮减损的重要性

节粮减损的重要性体现在保障粮食安全、可持续利用资源、节约能源、减少经济成本和培养节约意识等方面。

（一）保障粮食安全

节约粮食对于保障国家和全球的粮食安全具有至关重要的作用。随着世界人口的不断增长和资源的有限性，粮食供需矛盾日益突出。通过节约粮食，可以减少对有限粮食资源的压力，确保更多的人能够获得必需的食物供应。此外，节约粮食还有助于减少在粮食生产、储存和运输过程中可能出现的风险，提高粮食供应的稳定性和可靠性。

（二）可持续利用资源

粮食生产是一个资源密集型的过程，需要大量的土地、水资源和能源等。节约粮食意味着可以更加高效地利用这些资源，减少对自然资源的消耗和对环境的破坏。通过减少粮食浪费，可以推动农业生产向更加可持续的方向发展，保护生态系统的多样性和稳定性，为后代留下一个更加宜居的地球。

（三）节约能源

粮食生产、加工、储存和运输等环节都需要消耗大量的能源。通过减少粮食浪费，可以减少这些环节的能源消耗，从而降低温室气体排放，对抗全球气候变化。此外，节约能源还有助于减少对化石燃料的依赖，推动能源结构的优化和清洁能源的发展。

（四）减少经济成本

粮食浪费不仅意味着食物本身的损失，还包括在生产、加工和运输等环节投入的成本。通过节约粮食，可以减少这些经济成本，提高资源利用的效率。对于个人和家庭而言，节约粮食可以减少生活开支；对于国家和全球经济而言，节约粮食可以减少对农业生产的投入，释放更多的资源用于其他经济领域的发展。

（五）培养节约意识

节约粮食还是一种生活态度和价值观的体现。通过节约粮食，可以培养个人和社会的节约意识，倡导一种理性消费、珍惜资源的生活方式。这种节约意识的培养对于形成可持续的消费模式和社会风尚具有重要意义。同时，节约粮食的行动还可以提高公众对于环境问题和社会责任的认识，促进社会的全面进步与和谐发展。

第二节　全链条粮食节约减损措施

粮食节约减损是确保国家粮食安全、提高粮食资源利用效率的重要措施。开展粮食节约减损行动，要构建从田头到餐桌的全链条粮食节约减损管理体系，通过生产环节的提质增效、流通环节的运输方式优化、加工环节的利用率提升、存储环节的损耗降低、消费环节的浪费减少和资源化利用等全方位促进粮食节约。

一、强化农业生产环节节约减损

（一）推进农业节约用种

1. 完善品种审定标准

对主要粮食作物的品种进行严格的审定，确保推广的品种具有高产、高效、多抗性、广适性和低损收获的特点。这样可以在保证产量的同时，减少种子的使用量，实现节约用种。

2. 研发节种宜机品种

鼓励科研机构和种子企业加快选育适合机械化播种的品种，这样可以在播种过程中减少种子的浪费，提高播种的精准度。

3. 编制机械研发导向目录

政府相关部门应编制推进节种减损机械研发的导向目录，指导企业研发更加先进适用的精量播种机等农业机械，以提高播种效率和节约种子。

4. 集成推广关键技术

通过集成和推广水稻工厂化集中育秧、玉米单粒精播、小麦精量半精量播种以及种肥同播等关键技术，可以有效提高播种的精准度和效率，减少种子的浪费。

（二）减少田间地头收获损耗

1. 推进精细收获

通过强化农机、农艺和品种的集成配套，提高精细收获技术的应用率，减少收获过程中的损失。

2. 制定技术指导规范

制定和修订针对水稻、玉米、小麦、大豆等作物的机收减损技术指导规范，引导农户根据作物成熟度和天气条件，选择最佳的收获时机和方法。

3. 提升应急服务能力

鼓励地方政府提升应急抢种抢收装备的供给能力，以及提供应急服务，以应对不利天气等突发情况，确保收获工作的顺利进行。

4. 推广智能绿色机械

加快推广应用智能绿色高效的收获机械，这些机械可以提高收获效率，减少能源消耗和环境污染。

5. 培训农机手

将农机手的培训纳入高素质农民培育工程，提高他们的规范操作能力和技术水平，从而减少操作不当导致的收获损失。

二、加强粮食储存环节减损

（一）改善粮食产后烘干条件

1. 纳入补贴试点范围

政府应将粮食烘干成套设施装备纳入农机新产品补贴试点范围，通过财政补贴的方式，降低农户和农业企业购置先进烘干设备的门槛，从而提升整体的烘干能力。

2. 推广环保烘干设施

鼓励产粮大县积极推进环保型烘干设施的应用，减少烘干过程中的环境污染。同时，加大对绿色热源烘干设备（如太阳能、生物质能等）的推广力度，提高能源利用效率。

3. 提供烘干服务

鼓励新型农业经营主体、粮食企业和粮食产后服务中心等为农户提供专业化的粮食烘干服务，降低农户自身的烘干成本，同时确保粮食烘干的质量和效率。烘干用地和用电应统一按照农用标准进行管理，减轻农户负担。

（二）支持引导农户科学储粮

1. 加强技术培训和服务

政府和相关部门应加强对农户的科学储粮技术培训，提供专业的指导和服务，帮助农户掌握正确的储粮方法，减少储粮过程中的损失。

2. 示范应用和选型

开展不同规模农户储粮装具的选型及示范应用，根据各地实际情况，推广适合当地条件的储粮装具，提高储粮效率和质量。

3. 推广高效储粮装具

在东北等粮食主产区推广节约简捷高效的储粮装具，逐步解决地趴粮等问题，提高粮食的储存条件和安全性。

（三）推进仓储设施节约减损

1. 绿色仓储提升行动

鼓励开展绿色仓储提升行动，通过采用环保材料、节能技术和智能管理系统，提高仓储设施的绿色化水平。

2. 推进信息化建设

升级修缮老旧仓房，推进粮食仓储信息化建设，利用现代信息技术提高粮食仓储管理的效率和准确性，减少损耗。

3. 规范管理

推动粮仓设施分类分级和规范管理，提高用仓质量和效能，确保粮食在储存过程中的安全和减少损失。

三、加强粮食运输环节减损保障

（一）完善运输基础设施和装备

1. 建设专用运输设施

投资建设铁路专用线、专用码头和散粮中转设施，以及相关的配套设施，以减少粮食在运输环节中的损耗。这些专用设施可以提高粮食运输的效率和安全性。

2. 推广专用运输装备

推广使用粮食专用散装运输车、铁路散粮车、散装运输船、敞顶集装箱以及港口专用装卸机械和回收设备。这些专用装备能够提高粮食运输的效率，减少在装卸过程中的损失。

3. 发展多式联运

加强港口集疏运体系建设，发展粮食集装箱汽铁水多式联运。多式联运能够充分发挥不同运输方式的优势，提高运输效率，降低运输成本。

（二）健全农村粮食物流服务网络

1. 完善交通运输网络

结合“四好农村路”建设，进一步完善农村地区的交通运输网络，提升道路质量和通行能力，为粮食运输提供更加便捷的条件。

2. 提升运输服务水平

通过提升交通运输网络，增强粮食运输服务的时效性和可靠性，确保粮食能够及时、安全地从产地运达消费地。

（三）开展物流标准化示范

1. 发展标准化运输体系

发展规范化、标准化、信息化的散粮运输服务体系，提高粮食运输的效率和质量。标准化的运输体系有助于减少损耗，提高运输的安全性和可靠性。

2. 探索高效减损物流模式

探索和应用粮食高效减损的物流模式，如封闭运输、智能监控等，减少粮食在运输过程中的损失。

3. 推动设备无缝对接

推动散粮运输设备之间的无缝对接，提高装卸效率，减少在转运过程中的损耗。

4. 开展技术示范

在“北粮南运”等重点线路和关键节点，开展多式联运高效物流衔接技术示范。通过技术示范，推广先进的物流技术和管理经验，提高整个粮食物流系统的效率和效能。

四、加快推进粮食加工环节节粮减损

（一）提高粮油加工转化率

1. 完善加工标准

制定和修订小麦粉、食用油等口粮和食用油料的加工标准，推动适度加工，合理确定加工精度等指标。这有助于引导消费者走出过度追求“精米白面”的饮食误区，提高粮油出品率，减少粮食浪费。

2. 提升数字化管理水平

推动粮食加工行业进行数字化改造，利用信息技术提高管理效率和生产效率，降低能耗和物耗。

3. 推进设备智能化改造

推进面粉加工设备的智能化改造，推广低温升碾米设备和柔性大米加工设备，引导油料油脂适度加工，提高加工效率和产品质量。

4. 发展全谷物产业

启动“国家全谷物行动计划”，鼓励发展全谷物产业，推广全谷物食品，提高消费者的营养摄入。

5. 创新食品加工配送模式

支持餐饮单位充分利用中央厨房，加快主食配送中心和冷链配套体系的建设，提高食品加工和配送的效率。

（二）加强饲料粮减量替代

1. 推广减量替代技术

推广在猪、鸡饲料中减少玉米、豆粕使用的技术，挖掘和利用杂粮、杂粕、粮食加工副产物等替代资源。

2. 改进制油工艺

改进制油工艺，提高杂粕的质量，使其更适合作为饲料原料。

3. 完善营养价值数据库

完善国家饲料原料营养价值数据库，引导饲料企业建立多元化的饲料配方结构，推广饲料精准配方技术和精准配制工艺。

4. 推广低蛋白日粮技术

加快推广低蛋白日粮技术，提高蛋白饲料的利用效率，降低豆粕添加比例。

5. 增加优质饲草供应

增加优质饲草的供应，降低牛羊养殖中精饲料的用量，减少对粮食资源的依赖。

（三）加强粮食资源综合利用

1. 有效利用加工副产物

有效利用米糠、麸皮、胚芽、油料粕、薯渣薯液等粮油加工副产物，生产食用产品、功能物质及工业制品，提高粮食资源的利用效率。

2. 调控生物质能源加工业

对以粮食为原料的生物质能源加工业进行调控，确保粮食资源首先满足食品需求，避免与食品消费竞争粮食资源。

五、坚决遏制餐饮消费环节浪费

（一）加强餐饮行业经营行为管理

1. 完善反食品浪费制度

制定和完善餐饮行业的反食品浪费制度，建立健全行业标准和服务规范，引导餐饮服务经营者提供更加合理的餐品分量。

2. 提供适量点餐提示

鼓励餐饮服务经营者主动提示消费者适量点餐，提供多样化的餐品分量选择，如“小份菜”“小份饭”等，满足不同消费者的需求。

3. 加强社会监督

充分发挥媒体和消费者的社会监督作用，鼓励通过服务热线等渠道反映和举报餐饮服务经营者的浪费行为，形成良好的社会共治氛围。

（二）落实单位食堂反食品浪费管理责任

1. 推行健康饮食方式

单位食堂应加强食品采购、储存、加工的动态管理，推行荤素搭配、少油少盐等健康饮食方式，制定并实施防止食品浪费的措施。

2. 科学采购和使用食材

鼓励单位食堂采取预约用餐、按量配餐等方式，科学采购和使用食材，减少食品浪费。

（三）加强公务活动用餐节约

1. 合理安排饭菜数量

各级党政机关、国有企事业单位应按照健康、节约的要求，科学合理安排公务活动用餐的饭菜数量，原则上实行自助餐。

2. 严禁大吃大喝

严禁以会议、培训等名义组织宴请或大吃大喝，切实加强公务接待、会议、培训等公务活动用餐管理。

（四）建立健全学校餐饮节约管理长效机制

1. 强化就餐现场管理

学校应强化就餐现场的管理，加大就餐检查力度，确保学生合理取餐，减少食品浪费。

2. 加强家校合作

通过家校合作，强化家庭教育，培养学生勤俭节约的良好饮食习惯，广泛开展劳动教育和粮食节约实践教育活动。

（五）减少家庭和个人食品浪费

1. 加强科普知识宣传

加强公众营养膳食科普知识的宣传，倡导营养均衡、科学文明的饮食习惯。

2. 鼓励科学膳食计划

鼓励家庭科学制订膳食计划，按需采买食品，充分利用食材，减少家庭食品浪费。

（六）推进厨余垃圾资源化利用

1. 建立厨余垃圾处理体系

指导地方建立厨余垃圾的收集、投放、运输、处理体系，推动源头减量。

2. 支持资源化利用

通过中央预算内投资、企业发行绿色债券等方式，支持厨余垃圾资源化利用和无害化处理，引导社会资本积极参与。

第三节　节粮减损的宣传教育与文化引导

一、积极推进节粮减损的文明创建活动

为了在全社会范围内营造节粮减损的良好氛围，要将节粮减损的理念和要求融入市民公约、村规民约以及各行业的规范之中。通过这种方式，可以将粮食节约的宣传教育工作推广到各个层面，包括机关、学校、企业、社区、农村、家庭以及军营等。这样的全方位覆盖有助于提高公众对于节约粮食重要性的认识，进而在日常生活中自觉实践节约行为。

此外，将文明餐桌、“光盘行动”等节粮减损的具体要求纳入到文明城市、文明村镇、文明单位、文明家庭、文明校园等各类创建活动中，可以有效地发挥这些创建活动的导向和示范作用。通过树立标杆和典范，激励更多的人参与到节粮减损的行动中来，共同为保障国家粮食安全作出贡献。

二、加强节粮减损的舆论宣传和知识普及

舆论宣传是提高公众节粮减损意识的重要途径。深入宣传和阐释有关节粮减损的法律法规、政策措施，让更多的人了解和认识到节约粮食的重要性和紧迫性。同时，普及节粮减损的技术和相关知识也是不可或缺的一环，这有助于公众在日常生活中更加科学、合理地节约粮食。

为了增强公众的节粮意识，可以精心制作并广泛播出节约粮食、反对浪费的公益广告。在餐馆、食堂等用餐场所的显眼位置张贴宣传标语或宣传画，以此来提醒大家珍惜粮食，避免浪费。此外，还可以充分利用世界粮食日、全国粮食安全宣传周等重要时间节点，广泛宣传报道节粮减损的好经验、好做法和典型事例，以此激励更多的人加入节粮减损的行列中。

同时，还要加强粮食安全舆情的监测，主动回应社会关切，及时解答公众的疑问和担忧。通过有效的舆论监督，对粮食浪费行为进行曝光，形成强大的社会压力，促使人们自觉抵制浪费行为。此外，还应该禁止制作、发布、传播那些宣扬暴饮暴食等浪费行为的节目或者音视频信息，以免对公众产生不良影响。

三、持续推进移风易俗

在推动节粮减损的过程中，还应关注社会风气和习俗的影响。通过倡导文明节俭的婚丧嫁娶方式，可以有效地减少因婚丧喜庆活动而产生的粮食浪费。鼓励城乡居民在办理婚丧嫁娶等事宜时，坚持“婚事新办、丧事简办、余事不办”的原则，严格控制酒席的规模和标准，避免大操大办和铺张浪费的现象。

此外，还可以通过举办各类节粮减损的主题教育，如节粮知识讲座、节粮技能培训班等，来提高公众的节粮意识和技能。通过这些活动，不仅可以传播节粮减损的知识，还可以增强公众的实践能力，使他们在日常生活中更加自觉地节约粮食。

附录　中华人民共和国粮食安全保障法

（2023年12月29日第十四届全国人民代表大会常务委员会第七次会议通过）

第一章　总则

第一条　为了保障粮食有效供给，确保国家粮食安全，提高防范和抵御粮食安全风险能力，维护经济社会稳定和国家安全，根据宪法，制定本法。

第二条　国家粮食安全工作坚持中国共产党的领导，贯彻总体国家安全观，统筹发展和安全，实施以我为主、立足国内、确保产能、适度进口、科技支撑的国家粮食安全战略，坚持藏粮于地、藏粮于技，提高粮食生产、储备、流通、加工能力，确保谷物基本自给、口粮绝对安全。

保障国家粮食安全应当树立大食物观，构建多元化食物供给体系，全方位、多途径开发食物资源，满足人民群众对食物品种丰富多样、品质营养健康的消费需求。

第三条　国家建立粮食安全责任制，实行粮食安全党政同责。县级以上地方人民政府应当承担保障本行政区域粮食安全的具体责任。

县级以上人民政府发展改革、自然资源、农业农村、粮食和储备等主管部门依照本法和规定的职责，协同配合，做好粮食安全保障工作。

第四条　国家加强粮食宏观调控，优化粮食品种结构和区域布局，统筹利用国内、国际的市场和资源，构建科学合理、安全高效的粮食供给保障体系，提升粮食供给能力和质量安全。

国家加强国际粮食安全合作，发挥粮食国际贸易作用。

第五条　县级以上人民政府应当将粮食安全保障纳入国民经济和社会发展规划。县级以上人民政府有关部门应当根据粮食安全保障目标、任务等，编制粮食安全保障相关专项规划，按照程序批准后实施。

第六条 国家建立健全粮食安全保障投入机制，采取财政、金融等支持政策加强粮食安全保障，完善粮食生产、收购、储存、运输、加工、销售协同保障机制，建设国家粮食安全产业带，调动粮食生产者和地方人民政府保护耕地、种粮、做好粮食安全保障工作的积极性，全面推进乡村振兴，促进粮食产业高质量发展，增强国家粮食安全保障能力。

国家引导社会资本投入粮食生产、储备、流通、加工等领域，并保障其合法权益。

国家引导金融机构合理推出金融产品和服务，为粮食生产、储备、流通、加工等提供支持。国家完善政策性农业保险制度，鼓励开展商业性保险业务。

第七条 国家加强粮食安全科技创新能力和信息化建设，支持粮食领域基础研究、关键技术研发和标准化工作，完善科技人才培养、评价和激励等机制，促进科技创新成果转化和先进技术、设备的推广使用，提高粮食生产、储备、流通、加工的科技支撑能力和应用水平。

第八条 各级人民政府及有关部门应当采取多种形式加强粮食安全宣传教育，提升全社会粮食安全意识，引导形成爱惜粮食、节约粮食的良好风尚。

第九条 对在国家粮食安全保障工作中做出突出贡献的单位和个人，按照国家有关规定给予表彰和奖励。

第二章　耕地保护

第十条 国家实施国土空间规划下的国土空间用途管制，统筹布局农业、生态、城镇等功能空间，划定落实耕地和永久基本农田保护红线、生态保护红线和城镇开发边界，严格保护耕地。

国务院确定省、自治区、直辖市人民政府耕地和永久基本农田保护任务。县级以上地方人民政府应当确保本行政区域内耕地和永久基本农田总量不减少、质量有提高。

国家建立耕地保护补偿制度，调动耕地保护责任主体保护耕地的积极性。

第十一条 国家实行占用耕地补偿制度，严格控制各类占用耕地行为；确需占用耕地的，应当依法落实补充耕地责任，补充与所占用耕地数量相等、质量相当的耕地。

省、自治区、直辖市人民政府应当组织本级人民政府自然资源主管部门、农业农村主管部门对补充耕地的数量进行认定、对补充耕地的质量进行验收，并加强耕地质量跟踪评价。

第十二条 国家严格控制耕地转为林地、草地、园地等其他农用地。禁止违规占用耕地绿化造林、挖湖造景等行为。禁止在国家批准的退耕还林还草计划外擅自扩大退耕范围。

第十三条 耕地应当主要用于粮食和棉、油、糖、蔬菜等农产品及饲草饲料生产。县级以上地方人民政府应当根据粮食和重要农产品保供目标任务，加强耕地种植用途管控，落实耕地利用优先序，调整优化种植结构。具体办法由国务院农业农村主管部门制定。

县级以上地方人民政府农业农村主管部门应当加强耕地种植用途管控日常监督。村民委员会、农村集体经济组织发现违反耕地种植用途管控要求行为的，应当及时向乡镇人民政府或者县级人民政府农业农村主管部门报告。

第十四条 国家建立严格的耕地质量保护制度，加强高标准农田建设，按照量质并重、系统推进、永续利用的要求，坚持政府主导与社会参与、统筹规划与分步实施、用养结合与建管并重的原则，健全完善多元投入保障机制，提高建设标准和质量。

第十五条 县级以上人民政府应当建立耕地质量和种植用途监测网络，开展耕地质量调查和监测评价，采取土壤改良、地力培肥、治理修复等措施，提高中低产田产能，治理退化耕地，加强大中型灌区建设与改造，提升耕地质量。

国家建立黑土地保护制度，保护黑土地的优良生产能力。

国家建立健全耕地轮作休耕制度，鼓励农作物秸秆科学还田，加强农田防护林建设；支持推广绿色、高效粮食生产技术，促进生态环境改善和资源永续利用。

第十六条 县级以上地方人民政府应当因地制宜、分类推进撂荒地治理，采取措施引导复耕。家庭承包的发包方可以依法通过组织代耕代种等形式将撂荒地用于农业生产。

第十七条 国家推动盐碱地综合利用，制定相关规划和支持政策，鼓励和引导社会资本投入，挖掘盐碱地开发利用潜力，分区分类开展盐碱耕地治理改良，加快选育耐盐碱特色品种，推广改良盐碱地有效做法，遏制耕地盐碱化趋势。

第三章 粮食生产

第十八条 国家推进种业振兴，维护种业安全，推动种业高质量发展。

国家加强粮食作物种质资源保护开发利用，建设国家农业种质资源库，健全国家良种繁育体系，推进粮食作物种质资源保护与管理信息化建设，提升供种保障能力。

国家加强植物新品种权保护，支持育种基础性、前沿性研究和应用技术研究，鼓励粮食作物种子科技创新和产业化应用，支持开展育种联合攻关，培育具有自主知识产权的优良品种。

第十九条 省级以上人民政府应当建立种子储备制度，主要用于发生灾害时的粮食生产需要及余缺调剂。

第二十条 县级以上人民政府应当统筹做好肥料、农药、农用薄膜等农业生产资料稳定供应工作，引导粮食生产者科学施用化肥、农药，合理使用农用薄膜，增施有机肥料。

第二十一条 国家加强水资源管理和水利基础设施建设，优化水资源配置，保障粮食生产合理用水需求。各级人民政府应当组织做好农田水利建设和运行维护，保护和完善农田灌溉排水体系，因地制宜发展高效节水农业。

县级以上人民政府应当组织开展水土流失综合治理、土壤污染防治和地下水超采治理。

第二十二条 国家推进农业机械产业发展，加强农业机械化作业基础条件建设，推广普及粮食生产机械化技术，鼓励使用绿色、智能、高效的农业机械，促进粮食生产全程机械化，提高粮食生产效率。

第二十三条 国家加强农业技术推广体系建设，支持推广应用先进适用的粮食生产技术，因地制宜推广间作套种等种植方法，鼓励创新推广方式，提高粮食生产技术推广服务水平，促进提高粮食单产。

国家鼓励农业信息化建设，提高粮食生产信息化、智能化水平，推进智慧农业发展。

第二十四条 国家加强粮食生产防灾减灾救灾能力建设。县级以上人民政府应当建立健全农业自然灾害和生物灾害监测预警体系、防灾减灾救灾工作机制，加强干旱、洪涝、低温、高温、风雹、台风等灾害防御防控技术研究应用和安全生产管理，落实灾害防治属地责任，加强粮食作物病虫害防治和植物检疫工作。

国家鼓励和支持开展粮食作物病虫害绿色防控和统防统治。粮食生产者应当做好粮食作物病虫害防治工作，并对各级人民政府及有关部门组织开展的病虫害防治工作予以配合。

第二十五条 国家加强粮食生产功能区和重要农产品生产保护区建设，鼓励农业生产者种植优质农作物。县级以上人民政府应当按照规定组织划定粮食生产功能区和重要农产品生产保护区并加强建设和管理，引导农业生产者种植目标作物。

第二十六条 国家采取措施稳定粮食播种面积，合理布局粮食生产，粮食主产区、主销区、产销平衡区都应当保面积、保产量。

粮食主产区应当不断提高粮食综合生产能力，粮食主销区应当稳定和提高粮食自给率，粮食产销平衡区应当确保粮食基本自给。

国家健全粮食生产者收益保障机制，以健全市场机制为目标完善农业支持保护制度和粮食价格形成机制，促进农业增效、粮食生产者增收，保护粮食生产者的种粮积极性。

省级以上人民政府应当通过预算安排资金，支持粮食生产。

第二十七条 国家扶持和培育家庭农场、农民专业合作社等新型农业经营主体从事粮食生产，鼓励其与农户建立利益联结机制，提高粮食生产能力和现代化水平。

国家支持面向粮食生产者的产前、产中、产后社会化服务，提高社会化服务水平，鼓励和引导粮食适度规模经营，支持粮食生产集约化。

第二十八条 国家健全粮食主产区利益补偿机制，完善对粮食主产区和产粮大县的财政转移支付制度，调动粮食生产积极性。

省、自治区、直辖市人民政府可以根据本行政区域实际情况，建立健全对产粮大县的利益补偿机制，提高粮食安全保障相关指标在产粮大县经济社会发展综合考核中的比重。

第四章 粮食储备

第二十九条 国家建立政府粮食储备体系。政府粮食储备分为中央政府储备和地方政府储备。政府粮食储备用于调节粮食供求、稳定粮食市场、应对突发事件等。

中央政府粮食储备规模和地方政府粮食储备总量规模由国务院确定并实行动态调整。政府粮食储备的品种结构、区域布局按照国务院有关规定确定。

政府粮食储备的收购、销售、轮换、动用等应当严格按照国家有关规定执行。

第三十条 承储政府粮食储备的企业或者其他组织应当遵守法律、法规和国家有关规定，实行储备与商业性经营业务分开，建立健全内部管理制度，落实安全生产责任和消防安全责任，对承储粮食数量、质量负责，实施粮食安全风险事项报告制度，确保政府粮食储备安全。

承储中央政府粮食储备和省级地方政府粮食储备的企业应当剥离商业性经营业务。

政府粮食储备的收购、销售、轮换、动用等应当进行全过程记录，实现政府粮食储备信息实时采集、处理、传输、共享，确保可查询、可追溯。

第三十一条 承储政府粮食储备的企业或者其他组织应当保证政府粮食储备账实相符、账账相符，实行专仓储存、专人保管、专账记载，不得虚报、瞒报政府粮食储备数量、质量、品种。

承储政府粮食储备的企业或者其他组织应当执行储备粮食质量安全检验监测制度，保证政府粮食储备符合规定的质量安全标准、达到规定的质量等级。

第三十二条 县级以上地方人民政府应当根据本行政区域实际情况，指导规模以上粮食加工企业建立企业社会责任储备，鼓励家庭农场、农民专业合作社、农业产业化龙头企业自主储粮，鼓励有条件的经营主体为农户提供粮食代储服务。

第三十三条 县级以上人民政府应当加强粮食储备基础设施及质量检验能力建设，推进仓储科技创新和推广应用，加强政府粮食储备管理信息化建设。

第三十四条 县级以上人民政府应当将政府粮食储备情况列为年度国有资产报告内容，向本级人民代表大会常务委员会报告。

第五章 粮食流通

第三十五条 国家加强对粮食市场的管理，充分发挥市场作用，健全市场规则，维护市场秩序，依法保障粮食经营者公平参与市场竞争，维护粮食经营者合法权益。

国家采取多种手段加强对粮食市场的调控，保持全国粮食供求总量基本平衡和市场基本稳定。县级以上地方人民政府应当采取措施确保国家粮食宏观调控政策的贯彻执行。

第三十六条 县级以上地方人民政府应当加强对粮食仓储、物流等粮食流通基础设施的建设和保护，组织建设与本行政区域粮食收储规模和保障供应要求相匹配，布局合理、功能齐全的粮食流通基础设施，并引导社会资本投入粮食流通基础设施建设。

任何单位和个人不得侵占、损毁、擅自拆除或者迁移政府投资建设的粮食流通基础设施，不得擅自改变政府投资建设的粮食流通基础设施的用途。

第三十七条 从事粮食收购、储存、加工、销售的经营者以及饲料、工业用粮企业，应当按照规定建立粮食经营台账，并向所在地的县级人民政府粮食和储备主管部门报送粮食购进、储存、销售等基本数据和有关情况。

第三十八条 为了保障市场供应、保护粮食生产者利益，必要时国务院可以根据粮食安全形势和财政状况，决定对重点粮食品种在粮食主产区实行政策性收储。

第三十九条 从事粮食收购、加工、销售的规模以上经营者，应当按照所在地省、自治区、直辖市人民政府的规定，执行特定情况下的粮食库存量。

第四十条 粮食供求关系和价格显著变化或者有可能显著变化时，县级以上人民政府及其有关部门可以按照权限采取下列措施调控粮食市场：

（一）发布粮食市场信息；

（二）实行政策性粮食收储和销售；

（三）要求执行特定情况下的粮食库存量；

（四）组织投放储备粮食；

（五）引导粮食加工转化或者限制粮食深加工用粮数量；

（六）其他必要措施。

必要时，国务院和省、自治区、直辖市人民政府可以依照《中华人民共和国价格法》的规定采取相应措施。

第四十一条 国家建立健全粮食风险基金制度。粮食风险基金主要用于支持粮食储备、稳定粮食市场等。

第六章　粮食加工

第四十二条　国家鼓励和引导粮食加工业发展，重点支持在粮食生产功能区和重要农产品生产保护区发展粮食加工业，协调推进粮食初加工、精深加工、综合利用加工，保障粮食加工产品有效供给和质量安全。

粮食加工经营者应当执行国家有关标准，不得掺杂使假、以次充好，对其加工的粮食质量安全负责，接受监督。

第四十三条　国家鼓励和引导粮食加工结构优化，增加优质、营养粮食加工产品供给，优先保障口粮加工，饲料用粮、工业用粮加工应当服从口粮保障。

第四十四条　县级以上地方人民政府应当根据本行政区域人口和经济社会发展水平，科学布局粮食加工业，确保本行政区域的粮食加工能力特别是应急状态下的粮食加工能力。

县级以上地方人民政府应当在粮食生产功能区和重要农产品生产保护区科学规划布局粮食加工能力，合理安排粮食就地就近转化。

第四十五条　国家鼓励粮食主产区和主销区以多种形式建立稳定的产销关系，鼓励粮食主销区的企业在粮食主产区建立粮源基地、加工基地和仓储物流设施等，促进区域粮食供求平衡。

第四十六条　国家支持建设粮食加工原料基地、基础设施和物流体系，支持粮食加工新技术、新工艺、新设备的推广应用。

第七章　粮食应急

第四十七条　国家建立统一领导、分级负责、属地管理为主的粮食应急管理体制。

县级以上人民政府应当加强粮食应急体系建设，健全布局合理、运转高效协调的粮食应急储存、运输、加工、供应网络，必要时建立粮食紧急疏运机制，确保具备与应急需求相适应的粮食应急能力，定期开展应急演练和培训。

第四十八条　国务院发展改革、粮食和储备主管部门会同有关部门制定全国的粮食应急预案，报请国务院批准。省、自治区、直辖市人民政府应当根据本行政区域的实际情况，制定本行政区域的粮食应急预案。

设区的市级、县级人民政府粮食应急预案的制定，由省、自治区、直辖市人民政府决定。

第四十九条 国家建立粮食市场异常波动报告制度。发生突发事件，引起粮食市场供求关系和价格异常波动时，县级以上地方人民政府发展改革、农业农村、粮食和储备、市场监督管理等主管部门应当及时将粮食市场有关情况向本级人民政府和上一级人民政府主管部门报告。

第五十条 县级以上人民政府按照权限确认出现粮食应急状态的，应当及时启动应急响应，可以依法采取下列应急处置措施：

（一）本法第四十条规定的措施；

（二）增设应急供应网点；

（三）组织进行粮食加工、运输和供应；

（四）征用粮食、仓储设施、场地、交通工具以及保障粮食供应的其他物资；

（五）其他必要措施。

必要时，国务院可以依照《中华人民共和国价格法》的规定采取相应措施。

出现粮食应急状态时，有关单位和个人应当服从县级以上人民政府的统一指挥和调度，配合采取应急处置措施，协助维护粮食市场秩序。

因执行粮食应急处置措施给他人造成损失的，县级以上人民政府应当按照规定予以公平、合理补偿。

第五十一条 粮食应急状态消除后，县级以上人民政府应当及时终止实施应急处置措施，并恢复应对粮食应急状态的能力。

第八章　粮食节约

第五十二条 国家厉行节约，反对浪费。县级以上人民政府应当建立健全引导激励与惩戒教育相结合的机制，加强对粮食节约工作的领导和监督管理，推进粮食节约工作。

县级以上人民政府发展改革、农业农村、粮食和储备、市场监督管理、商务、工业和信息化、交通运输等有关部门，应当依照职责做好粮食生产、储备、流通、加工、消费等环节的粮食节约工作。

第五十三条 粮食生产者应当加强粮食作物生长期保护和生产作业管理，减少播种、田间管理、收获等环节的粮食损失和浪费。

禁止故意毁坏在耕地上种植的粮食作物青苗。

国家鼓励和支持推广适时农业机械收获和产地烘干等实用技术，引导和扶持粮食生产者科学收获、储存粮食，改善粮食收获、储存条件，保障粮食品质良好，减少产后损失。

第五十四条 国家鼓励粮食经营者运用先进、高效的粮食储存、运输、加工设施设备，减少粮食损失损耗。

第五十五条 国家推广应用粮食适度加工技术，防止过度加工，提高成品粮出品率。

国家优化工业用粮生产结构，调控粮食不合理加工转化。

第五十六条 粮食食品生产经营者应当依照有关法律、法规的规定，建立健全生产、储存、运输、加工等管理制度，引导消费者合理消费，防止和减少粮食浪费。

公民个人和家庭应当树立文明、健康、理性、绿色的消费理念，培养形成科学健康、物尽其用、杜绝浪费的良好习惯。

第五十七条 机关、人民团体、社会组织、学校、企业事业单位等应当加强本单位食堂的管理，定期开展节约粮食检查，纠正浪费行为。

有关粮食食品学会、协会等应当依法制定和完善节约粮食、减少损失损耗的相关团体标准，开展节约粮食知识普及和宣传教育工作。

第九章 监督管理

第五十八条 县级以上人民政府发展改革、农业农村、粮食和储备、自然资源、水行政、生态环境、市场监督管理、工业和信息化等有关部门应当依照职责对粮食生产、储备、流通、加工等实施监督检查，并建立粮食安全监管协调机制和信息共享机制，加强协作配合。

第五十九条 国务院发展改革、农业农村、粮食和储备主管部门应当会同有关部门建立粮食安全监测预警体系，加强粮食安全风险评估，健全粮食安全信息发布机制。

任何单位和个人不得编造、散布虚假的粮食安全信息。

第六十条 国家完善粮食生产、储存、运输、加工标准体系。粮食生产经营者应当严格遵守有关法律、法规的规定，执行有关标准和技术规范，确保粮食质量安全。

县级以上人民政府应当依法加强粮食生产、储备、流通、加工等环节的粮食质量安全监督管理工作，建立粮食质量安全追溯体系，完善粮食质量安全风险监测和检验制度。

第六十一条 县级以上人民政府有关部门依照职责开展粮食安全监督检查，可以采取下列措施：

（一）进入粮食生产经营场所实施现场检查；

（二）向有关单位和人员调查了解相关情况；

（三）进入涉嫌违法活动的场所调查取证；

（四）查阅、复制有关文件、资料、账簿、凭证，对可能被转移、隐匿或者损毁的文件、资料、账簿、凭证、电子设备等予以封存；

（五）查封、扣押涉嫌违法活动的场所、设施或者财物；

（六）对有关单位的法定代表人、负责人或者其他工作人员进行约谈、询问。

县级以上人民政府有关部门履行监督检查职责，发现公职人员涉嫌职务违法或者职务犯罪的问题线索，应当及时移送监察机关，监察机关应当依法受理并进行调查处置。

第六十二条 国务院发展改革、自然资源、农业农村、粮食和储备主管部门应当会同有关部门，按照规定具体实施对省、自治区、直辖市落实耕地保护和粮食安全责任制情况的考核。

省、自治区、直辖市对本行政区域耕地保护和粮食安全负总责，其主要负责人是本行政区域耕地保护和粮食安全的第一责任人，对本行政区域内的耕地保护和粮食安全目标负责。

县级以上地方人民政府应当定期对本行政区域耕地保护和粮食安全责任落实情况开展监督检查，将耕地保护和粮食安全责任落实情况纳入对本级人民政府有关部门负责人、下级人民政府及其负责人的考核评价内容。

对耕地保护和粮食安全工作责任落实不力、问题突出的地方人民政府，上级人民政府可以对其主要负责人进行责任约谈。被责任约谈的地方人民政府应当立即采取措施进行整改。

第六十三条 外商投资粮食生产经营，影响或者可能影响国家安全的，应当按照国家有关规定进行外商投资安全审查。

第六十四条 县级以上人民政府发展改革、农业农村、粮食和储备等主管部门应当加强粮食安全信用体系建设，建立粮食生产经营者信用记录。

单位、个人有权对粮食安全保障工作进行监督，对违反本法的行为向县级以上人民政府有关部门进行投诉、举报，接到投诉、举报的部门应当按照规定及时处理。

第十章 法律责任

第六十五条 违反本法规定，地方人民政府和县级以上人民政府有关部门不履行粮食安全保障工作职责或者有其他滥用职权、玩忽职守、徇私舞弊行为的，对负有责任的领导人员和直接责任人员依法给予处分。

第六十六条 违反本法规定，种植不符合耕地种植用途管控要求作物的，由县级人民政府农业农村主管部门或者乡镇人民政府给予批评教育；经批评教育仍不改正的，可以不予发放粮食生产相关补贴；对有关农业生产经营组织，可以依法处以罚款。

第六十七条 违反本法规定，承储政府粮食储备的企业或者其他组织有下列行为之一的，依照有关行政法规的规定处罚：

（一）拒不执行或者违反政府粮食储备的收购、销售、轮换、动用等规定；

（二）未对政府粮食储备的收购、销售、轮换、动用等进行全过程记录；

（三）未按照规定保障政府粮食储备数量、质量安全。

从事粮食收购、储存、加工、销售的经营者以及饲料、工业用粮企业未按照规定建立粮食经营台账，或者报送粮食基本数据和有关情况的，依照前款规定处罚。

第六十八条 违反本法规定，侵占、损毁、擅自拆除或者迁移政府投资建设的粮食流通基础设施，或者擅自改变其用途的，由县级以上地方人民政府有关部门依照职责责令停止违法行为，限期恢复原状或者采取其他补救措施；逾期不恢复原状、不采取其他补救措施的，对单位处五万元以上五十万元以下罚款，对个人处五千元以上五万元以下罚款。

第六十九条 违反本法规定，粮食应急状态发生时，不服从县级以上人民政府的统一指挥和调度，或者不配合采取应急处置措施的，由县级以上人民政府有关部门依照职责责令改正，给予警告；拒不改正的，对单位处二万元以上二十万元以下罚款，对个人处二千元以上二万元以下罚款；情节严重的，对单位处二十万元以上二百万元以下罚款，对个人处二万元以上二十万元以下罚款。

第七十条 违反本法规定，故意毁坏在耕地上种植的粮食作物青苗的，由县级以上地方人民政府农业农村主管部门责令停止违法行为；情节严重的，可以处毁坏粮食作物青苗价值五倍以下罚款。

第七十一条 违反有关土地管理、耕地保护、种子、农产品质量安全、食品安全、反食品浪费、安全生产等法律、行政法规的，依照相关法律、行政法规的规定处理、处罚。

第七十二条 违反本法规定，给他人造成损失的，依法承担赔偿责任；构成违反治安管理行为的，由公安机关依法给予治安管理处罚；构成犯罪的，依法追究刑事责任。

第十一章 附则

第七十三条 本法所称粮食，是指小麦、稻谷、玉米、大豆、杂粮及其成品粮。杂粮包括谷子、高粱、大麦、荞麦、燕麦、青稞、绿豆、马铃薯、甘薯等。

油料、食用植物油的安全保障工作参照适用本法。

第七十四条 本法自2024年6月1日起施行。

参考文献

郜亮亮，马翠萍，曾俊霞，等，2017. 中国农业可持续发展：基于粮食安全、消除饥饿和改善营养[M]. 北京：社会科学文献出版社.

刘婷，2023. 新型农业产业化经营组织发展模式研究[M]. 北京：新华出版社.

农业农村部农田建设管理司，农业农村部耕地质量监测保护中心，2023. 耕地质量建设保护政策技术问答[M]. 北京：中国农业出版社.

齐亚菲，2017. 农业产业化发展读本[M]. 北京：中国建材工业出版社.

施春风，2022. 中华人民共和国乡村振兴促进法解读[M]. 北京：中国法制出版社.

陶国树，2021. 高标准农田建设工作导则[M]. 郑州：黄河水利出版社.

苑鹏，崔红志，杨一介，等，2019. 小农户与现代农业发展有机衔接路径探究[M]. 北京：中国社会科学出版社.